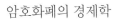

암호화폐의 경제학

암호화폐의 경제학

산업 · 기술 · 제도 · 투자

발행일 : 2018년 2월 5일

글쓴이 : 이철환

펴낸이 : 김태문

펴낸곳 : 도서출판 다락방

주 소 : 서울시 서대문구 북아현로 16길 7 세방그랜빌 2층

전 화 : 02) 312-2029

팩 스 : 02) 393-8399

홈페이지 : www.darakbang.co.kr

정가 : 15,000원

ISBN 978-89-7858-070-0 03320

암호화폐의

산업 · 기술 · 제도 · 투자

경제학

이철환 지음

다 락 방

우리는 요즘 비트코인, 이더리움, 가상화폐, 암호화폐, 알트코인 등의 낯선 용어들을 자주 접하며 살아가고 있다. 이들 용어들은 하루도 빠지지 않고 방송 뉴스와 신문의 지면에 등장하여 우리들의 관심을 끌고 있다. 또한 암호화폐 시장에 뛰어들었다가 대박을 터뜨렸다거나 혹은 쪽박을 찼다는 이야기를 자주 듣게 된다. 이는 그만큼 암호화폐가 우리 생활 깊숙이 침투해 있다는 사실을 반증하는 것이다.

이들 암호화폐는 기존 법정화폐가 지닌 인플레 우려, 휴대의 불편성, 적지 않은 환전 수수료 등의 한계들을 해소시켜 주는 측면이 있어서 빠른 속도로 인기를 얻게 되었다. 여기에 투자 가치와 미래 발전의 가능성 또한 큰 편이다.

나아가 이제는 암호화폐를 기반으로 새로운 연구 분야인 암호경제학 Crypto Economy의 개념도 나타나고 있다. 암호학과 경제학을 조합한 이 용어는 암호화되고 분산된 정보통신기술을 활용해 콘텐츠, 빅데이터, 기술, 자원, 상품, 서비스 등 모든 것을 비트코인, 이더리움 등 가상화폐를 기준으로 가치를 매기고 거래하게 되는 새로운 경제 패러다임을 뜻한다.

암호화폐에 대한 접근방식은 크게 3가지로 나뉜다. 기술적 접근, 산업적 접근, 그리고 제도적 접근 등이 그것이다.

기술적 접근은 무엇보다도 암호화폐의 탄생을 가능케 한 핵심기술인 블록체인 기술에 대한 이해를 넓히고 이의 발전과 활용 방안을 확장해 나가는 것을 말한다. 블록체인 기술은 4차 산업혁명시대를 이끌 새로운 첨단기술로 각광받고 있다. 이는 경제협력개발기구OECD와 세계경제포럼World Economic Forum도 인정하고 있다.

블록체인은 연결과 분산의 기술이다. 특히 사물인터넷IoT과 연결하면 우리가 상상하던 꿈과 가상의 세계가 현실로 다가오게 될 것이다. 세계의 초일류 기업들은 물론이고 선진국 정부들도 이에 대한 관심과 투자를 늘려나가고 있다.

더욱이 이제는 블록체인을 한층 더 보완·발전시킨 기술도 선보이기 시작했다. 예를 들어 블록체인의 기본 기능에 스마트 계약 기능을 추가하거나 익명성을 한층 강화시킨 기술 등이 그것이다.

산업적 접근은 암호화폐를 하나의 산업으로 인식하고 관련 분야의 부가가치를 키워나가는 것이다. 이와 함께 암호화폐의 경제적 활용도를 실질적으로 넓혀 나가면서 아울러 경제적 가치도 높이는 것이다. 그리고 건전한 투자 대상으로서의 활용 방안도 강구해야 한다.

이를 위해서는 무엇보다 신규 코인 공개ICO를 발전시켜 나갈 수 있는 방법을 찾아야 한다. 투자자 보호라는 명분에 너무 집착하여 원천적으로 ICO를 금지하는 것은 자칫 새로운 투자기법을 외면하는 우를 범할 수 있기 때문이다. 아울러 암호화폐 거래소를 건전하게 육성시켜 나가는 방안도 강구해야 한다.

현재 일부 종목에 한정된 거래 대상을 넓혀 보다 다양한 종류의 암호화폐들이 거래되도록 해야 한다. 물론 빈번한 서버다운이나 해킹 등의 사고 발생으로 야기되는 투자자 피해와 손실을 방지할 수 있는 방안도 강구되어야 할 것이다.

제도적 접근은 기존 법정화폐와의 관계 정립을 보다 구체적으로 하는 한편, 투자자 보호 장치를 정교하게 만들어나가는 과정이라고 할 수 있다. 암호화폐는 탄생한 시기가 일천한 관계로 아직 법적·제도적 장치가 여러 가지로 미흡한 실정이다.

이에 따라 과세 대상이 아니라는 점에 착안해 탈세 수단으로 활용하거나 익명성을 악용해 자금 세탁 수단으로 활용하는 사례 또한 적지 않다. 더욱이 우리나라는 이를 금융의 한 분야가 아닌 통신판매업자로 분류하여 취급하고 있다. 그러다 보니 투자자의 피해가 여기저기서 터져 나오고 있다.

발권력과 통화신용정책을 수행하는 중앙은행은 암호화폐의 존재를 인정하기 어려운 점이 있다. 암호화폐는 P2P네트워크와 블록제인 기술을 통해 탈중앙화란 기치를 내걸고 탄생하면서 중앙은행 본연의 기능을 부정하고 있기 때문이다. 그렇다고 이를 완전히 무시하기에는 암호화폐의 존재가 너무 커져버린 상황이다. 결국 법정화폐와 암호화폐는 상호

보완적인 관계를 구축함으로써 윈윈win-win하는 방법을 찾아야 한다.

　　이 책은 전체 4부로 구성되었다.

　　제1부는 법정화폐, 즉 우리가 일상생활에서 사용하는 통화에 대한 이해를 돕기 위한 장이다. 여기서는 화폐의 개념과 역사 그리고 세계 주요 국들이 사용하는 화폐의 종류에 대해서 알아보았다. 아울러 발권력과 통화정책 수행 권한을 가진 중앙은행의 역할, 달러가 세계의 통화로 활용되고 있는 배경, 화폐의 대용품인 금의 가치, 또 금융 위기가 주기적으로 발생하는 원인과 대책, 투기의 역사와 후유증에 대해서도 기술하였다. 이와 함께 주식이 상장되고 거래되는 시장인 거래소의 운영 상황에 대해서도 살펴보았다.

　　제2부는 암호화폐의 일반적인 특성과 운영 상황, 그리고 제도 개선 방향에 대한 내용이다. 구체적으로는 암호화폐의 발행 방법과 ICO 상황, 또 거래가 어떻게 이루어지는지에 대해서도 살펴보았다. 그리고 암호화폐의 가치는 현재 어느 수준에 와 있으며 앞으로의 발전 가능성에 대해서도 짚어 보았다.

　　아울러 암호화폐에 대한 주요국들의 입장, 즉 규제 상황과 과세제도, 중앙은행과의 관계 그리고 거래소의 운영 상황과 해킹 이슈 등에 대해서도 살펴보았다. 이와 함께 투자 할 때 유의해야 할 사항과 투자자 보호 조치 등에 대해서도 설명하였다.

제3부는 암호화폐의 대표주자인 비트코인의 탄생 배경과 운영 체계, 몇차례의 하드포크를 통한 화폐 분열 등을 구체적으로 살펴보았다. 이와 함께 핵심기술인 블록체인의 작동원리를 살펴보고 나아가 다른 비즈니스 분야에서는 이 기술을 어떻게 활용하고 있으며 발전 가능성에 대해서도 알아보았다. 그리고 비트코인 가격의 추이와 변동성, 미래의 발전 방향에 대한 다양한 견해들을 담았다.

제4부는 비트코인 외의 주요한 암호화폐, 즉 알트코인에 대한 이해를 돕기 위한 내용이다. 알트코인은 대부분 비트코인을 기반으로 만들어졌다. 그렇지만 비트코인과 경쟁과 협력을 통해 전체 암호화폐 시장의 발전을 이끄는 역할을 수행하고 있다. 다만 1,400여 종류의 암호화폐를 모두 기술하기는 어려워, 상장시가 총액 기준 15위권 안에 들어가는 주요 암호화폐 위주로 기술하였다.

평소 경제 이슈들에 대해서는 어느 정도 식견이 있다고 자부하는 저자도 암호화폐의 세계에 대해서는 그다지 큰 관심을 두지 않고 지내왔다.

그러던 어느 날, 이투데이 이진우 금융부장과 비트코인에 대해 대화를 나눌 기회를 갖게 되었다. 이 분야에 정통한 그의 얘기를 들으면서 암호화폐는 앞으로 발전 가능성이 많은 분야이니 충분히 관심을 가셔야 할 분야라는 생각이 들었다.

실제로 암호화폐 시장은 날이 갈수록 커져가고 있다. 우리나라에서 이 시장에 뛰어든 사람이 벌써 300만명에 이르렀다고 한다. 그러나 암호화폐를 단순한 투자나 투기 대상으로만 여길 뿐 어떤 체계로 운영되는지, 또 어떻게 활용되고 있는지에 대해서는 관심도 없고 잘 모르는 경우가 많다.

　그래서 일반인들이 암호화폐의 세계에 대해 쉬우면서도 체계적으로 접근하는 데 도움을 줄 자료가 필요하다는 생각을 하게 되었다. 이후 암호화폐에 대해 깊은 관심을 기울이면서 관련 내용들을 정리해 나갔는데, 이 과정에서 이진우 부장은 귀중한 아이디어를 많이 주었다. 이 책이 세상에 빛을 보게 된 데는 그의 자료 제공과 해박한 조언 그리고 꼼꼼한 검토가 큰 도움이 되었다. 이 자리를 빌려 감사의 마음을 전한다.

　끝으로 암호화폐가 법정화폐의 보완재 역할을 하면서 상호 건전한 발전을 해나가고, 블록체인 등 암호화폐가 선보인 새로운 기술이 인류의 미래를 한층 더 밝고 풍요롭게 하는 데 기여할 수 있기를 희망한다. 아울러 이 책자가 암호화폐에 관심을 가진 모든 이들에게 도움이 되기를 기대한다.

2018년 1월 새해를 맞으며

목차

I

법정화폐의 세계

1. 화폐의 탄생과 발전

 화폐의 개념과 기능

돈은 인간의 가장 위대한 발명품 가운데 하나이다. 돈은 이 세상을 움직이는 활력소이다. 또한 상업과 무역을 촉진하고 가치를 축적하는 수단이며 상대적 가치의 본질적 척도이다. 돈 즉 화폐currency는 일반적으로는 다음 몇 가지 조건을 충족하면 화폐라고 본다.

첫째, 시장이 화폐로 인식하고 받아들인다.

둘째, 가치가 안정돼 크게 변하지 않는다.

셋째, 화폐를 관리할 최종 책임 주체가 있다.

넷째, 액면가가 같은 화폐는 가치가 같다. 나누거나 합치더라도 가치가 달라지지 않는다.

다섯째, 다른 것과 쉽게 구분되며 내구성을 지닌다.

이러한 돈의 개념은 기원전 3200년경, 메소포타미아 문명에서 처음으로 탄생했다고 한다. 메소포타미아 문명에서 통용된 '세겔shekel'은 원래 보리의 양을 의미했다. 이는 통화 단위뿐만 아니라 무게 단위로도 사용되었다. 고대 바빌로니아 왕국의 6대왕 함무라비는 최초로 금융규제 조항을 공포했다. 기원전 1750년경 함무라비 법전을 만들어 부채의 이자와 벌금의 납부를 규정했다. 중국에서는 기원전 1000년대에 조가비가 화폐로 사용된 기록도 나온다.

돈의 어원은 고대 로마의 여신 주노Juno를 모신 신전 이름인 모네타Moneta에서 유래되었다고 한다. BC 269년 로마인이 그녀의 사원에서 최초 주화인 동전coin을 만들었는데 그 동전에 모네타의 이름이 붙여졌고 그 말이 변해서 머니Money가 되었다는 것이다. 우리나라에서는 화폐를 '돈'이라고 한다. 이의 어원은 금, 은의 무게 단위인 돈錢에서 왔다는 설과 '화폐는 돌고 돈다'에서 '돈'이 왔다는 설이 있다. 한 돈은 약 3.7301g이며, 한 근은 16냥으로 약 600g이다.

화폐의 가장 기본이 되는 기능은 교환 수단이다. 오늘날은 화폐가 재화와의 교환을 매개하는 기능을 다 함으로써 물물교환이 자취를 감추었다. 화폐는 운반이나 소액으로 나누어 쓰는 데 편리하고, 위조하는 데에 어려움이 있어 교환의 매개 기능을 충분히 발휘한다.

다음은 가치척도의 기능이다. 모든 재화가 화폐와 교환되는 것이라면 재화의 가치는 화폐에 의해 측정되는 셈이다. 따라서 A 재화의 가격이 B 재화보다 높다면 A 재화의 가치가 크다고 판단해야 한다.

또 화폐는 가치 저장의 수단이 되기도 한다. 화폐가 없다면 가치를 저장하기 위해서 실물을 저장해야 하는 데, 그러려면 많은 불편과 비용이 들며 또 가치를 감소시키거나 부패시킬 위험도 뒤따른다. 천재지변이나 사회 질서가 혼란스러울 때, 또 노후의 불안에 대비하여 재화를 비축해 두고 싶을 때도 적절한 저장 수단이 된다.

화폐가 가치 저장 수단의 기능을 다 하기 위해서는 화폐 가치가 안정되어야 한다. 만약 물가가 올라 화폐 가치가 떨어진다면 화폐로서의 가치 저장에 손실을 가져 오기 때문이다.

끝으로 지불 수단의 기능이 있다. 이는 오늘날의 신용사회에서 화폐의 가장 중요한 기능이라고 할 수 있다. 즉 화폐는 가치의 기본단위 구실을 하며, 가격체제의 운용을 가능하게 하는 가장 기본적인 요인이 된다. 또한 화폐를 통하여 손익이 계산되는 근거가 마련되고, 대부를 할 때나 선물거래가 이루어질 때 연불延拂의 수단으로도 기능한다.

화폐가 없다면 돈을 빌리고 빌려줄 때 적정한 기준이 마련되지 않을 것이며 오늘날의 경제에서 아주 중요한 개념으로 떠오르는 신용도 생겨나지 않을 것이다.

물품화폐→ 금속화폐→ 신용화폐→전자화폐

화폐는 처음 물품화폐에서 시작되어 이후 금속화폐와 종이돈을 거쳐

암호화폐의 경제학

이제는 전자화폐와 가상화폐로 발전해 가고 있다. 화폐가 나오기 전인 아주 오랜 옛날에는 각자 자기가 필요한 물건들을 직접 만들어 썼다. 농사도 짓고 가축도 기르면서 살았다.

그러다 점차 생산력이 늘어나자 자신의 물건을 다른 사람의 물건과 바꾸어 쓰게 되었다. 이처럼 물물교환이 빈번해지자 사람들은 서로가 원하는 물건의 종류, 품질, 양을 측량하기 힘들고 또 운반상의 불편함을 느끼게 되었다. 이에 공통으로 사용하는 기준물품이 있으면 좋겠다는 생각을 하게 되었다. 그리하여 조개껍질, 깃털, 소금, 곡식, 옷감, 농기구 같은 물건을 화폐처럼 사용하기 시작했는데, 이런 것들을 '물품화폐' 또는 '자연화폐'라고 한다.

처음에는 곡식이나 가죽처럼 생활필수품을 물품화폐로 사용했다. 그러나 이런 물품은 생산량에 따라 가치가 바뀌기 때문에 나중에는 비교적 가치가 일정하고 보관과 운반이 쉬운 조개껍질, 옷감, 농기구, 장신구 등을 돈으로 사용했다.

이 시기에 좀 더 구체적인 화폐로 쓰인 것은 소금이었다. 소금은 AD 1세기까지 아시아, 아프리카에서 화폐로 쓰였으며, 로마에서는 군인에게 급료로 지급되기도 했다. 오늘날 급여생활자샐러리맨, salaried man의 어원도 이 소금salt에서 유래한 것으로 본다. 봉급이 짠 이유도 소금의 본성때문이라는 농담이 생기게 되었다.

그 이후 금속제련 기술과 수공업 기술이 발달함에 따라 금·은·동의 유통량이 많아지게 되면서 이들이 보편적인 돈의 역할을 하였는데, 이

것이 '금속화폐'이다. 화폐가 제 기능을 다하기 위해서는 접근이 용이하고 그 양이 충분하며 내구성이 길어야 한다. 또한 대체성이 있고 보관이나 몸에 지니는게 쉽고 편리하며 신뢰할 만한 대상이어야 한다. 금이나 은, 청동 같은 금속은 이 기준을 대부분 만족시켰기에 수천 년 동안 이상적인 화폐로 활용되고 있다.

그러나 점차 경제 규모와 돈의 유통량이 절대적으로 커지게 되면서 더 이상 금속화폐만으로는 감당하기가 어려워졌다. 그리하여 마침내 정부의 권위를 배경으로 한 화폐가 등장하게 되었는데, 이것이 바로 종이화폐이다. 이 종이화폐 외에도 은행권, 어음, 수표 등이 보조화폐로 활용되고 있는데, 이들을 총칭하여 신용화폐信用貨幣라고 한다.

돈은 놀라운 속도로 발전해가고 있다. 지금도 빠른 속도로 발전하면서 전자기술과 인터넷의 발달로 동전과 지폐를 역사의 뒤안길로 밀어내고 있다. 우리 주머니에서 현금이 사라진지도 꽤 오래 됐다. 일상생활에서 현금 대신 신용카드를 즐겨 쓴 지가 오래된 것이다.

한국은행에 따르면 2014년 최고로 많이 사용한 결제 도구는 현금 38.9%, 신용카드 31.4%이었으나, 2016년에는 신용카드 39.7%, 현금 36.0%로 순위가 바뀌었다. 현금보다 신용카드를 사용하는 사람들이 더 많아지고 있다는 뜻이다. 이는 화폐경제의 큰 틀이 변하고 있음을 의미한다. 한국은행은 2020년까지 동전 없는 사회를 구현하겠다고 밝히기도 했다.

이제는 신용카드도 그 활용도가 점차 줄어드는 시대가 되었다. 통신

네트워크가 발달하기 이전에는 상거래를 위해서 '물리적 돈'이나 '신용 카드'가 있어야 했다. 그러나 인터넷 등 IT의 발달로 물리적 화폐를 매개체로 사용하지 않고도 상거래가 가능해지면서 사람들은 직접 화폐를 만지는 일이 줄어들었다. 화폐는 전자적으로 유통되기 시작했다. 통장에 들어있는 돈을 합의하에 전자적으로 주고받는 시스템이 '전자화폐 electronic money'이다. 전자화폐의 구체적 형태는 여러 가지가 있지만 본질은 같다. 정부가 발행하고 보증하는 화폐의 유통방식의 하나다.

나아가 이제는 소셜네트워킹 서비스SNS나 온라인게임에서 아이템 구매나 선물 구입 등을 위해 사이버 공간을 사용하는 이용자가 늘어나면서 '가상화폐cyber money'까지 등장했다. 가상화폐란 사이버 공간에서 사용할 수 있는 돈을 말한다. 대표적인 가상화폐가 비트코인을 위시한 암호화폐이다.

핀테크와 인터넷 전문은행

이제 금융환경도 IT와 금융의 융합 트렌드가 확산되고 있으며 온라인과 모바일을 통한 금융 거래가 크게 늘어나고 있다. 이것이 바로 금융 Financial과 정보기술Technology의 합성어인 '핀테크Fintech'나. 이는 인터넷·모바일 공간에서 결제·송금·이체, 인터넷 전문은행, 크라우드 펀딩, 디지털 화폐 등 각종 금융 서비스를 제공하는 산업을 뜻한다.

1980년대에 등장한 '온라인뱅킹'은 해킹의 우려에도 불구하고 급속도로 이용객의 수를 늘려가고 있다. 또 이제는 오프라인 점포를 마련하지 않은 채 온라인 네트워크를 통해 예·적금 및 대출 등 은행영업을 하는 인터넷 전문은행이 탄생하였다. 2017년 4월 국내 첫 인터넷 전문은행인 케이뱅크가 문을 열었고 7월에는 카카오뱅크가 두 번째로 영업을 시작했다.

　이러한 흐름은 국내 소비자와 산업의 거래 습관과 환경에 변화를 촉발시키고 있다. 미국, 영국 등의 전통적 금융 강국들은 꽤 오래전부터 핀테크 서비스에 대한 투자를 확대해 오고 있다. 우리나라는 조금 늦은 감은 있지만 IT강국이라는 점을 제대로 활용한다면 핀테크 또한 선도해 나갈 것으로 기대된다.

2. 세계의 주요 통화

이 세상에는 얼마나 많은 종류의 돈이 있으며, 또 세상에서 가장 많이 사용되는 화폐는 무엇일까? 유로화처럼 다수의 국가들이 단일통화를 쓰는 경우도 적지 않지만 통상 지구상의 모든 나라는 저마다 자국의 돈을 가지고 있다. 그러다 보니 이 세상에는 수십 종류의 화폐가 존재하고 있다. 그 중에서도 미국의 달러는 세계에서 가장 널리 통용되는 화폐이다.

세계의 기축통화, 미국 달러

미국 돈의 화폐 단위는 달러Dollar와 센트Cent이며 1달러는 100센트이다. 달러는 보통 $로 축약하여 나타내며 캐나다, 호주 능 다른 나라의 달러들과 구분하기 위해 'US $'라고 쓰기도 한다. 대부분의 나라에서는 지폐의 식별을 쉽게 하기 위하여 액면에 따라 지폐의 색상과 크기를 달리하고 있으나 미국의 달러 지폐는 모두 동일한 색상, 동일한 규격을 채택하고 있다. 이는 권종 간 구분의 용이함보다는 '통일된 이미지'를 살리는 데 중점을 둔 것이다. 미국 달러 지폐는 색상이 모두 녹색이어서 '그린백 greenback'이라는 별칭을 갖고 있다. 규격도 모두 가로 155.9㎜, 세로 66.3㎜로 같다.

한편, 달러는 미국이란 나라의 막강한 경제력을 배경으로 세계 기축통화로 통용되고 있다. '기축통화key currency'란 국제간 결제에 금과 동격으로 널리 사용되고 있는 통화를 뜻한다. 제1차 세계대전 전까지만 해도 영국의 파운드화가 금 본위제하에서 세계의 기축통화 역할을 해왔다. 그러나 금 본위제가 붕괴되고 영국의 경제력이 점차 쇠퇴하면서 파운드화는 기축통화로서의 운명을 마감하게 되었다. 반면 미국과 달러화가 부상하기 시작하였고 제2차 세계대전 종전 이후 미국 달러는 세계의 기축통화 역할을 해오고 있다.

당시 미국의 GDP는 전 세계 GDP의 50%를 훌쩍 뛰어넘었고 미국은 전 세계 금의 70%를 보유하고 있었다. 이를 바탕으로 미국만이 당시 유일한 금 본위제 국가였으므로 달러가 힘을 발휘할 수 있었다. 더욱이 강력한 군사력이 뒷받침되었다. 여기에 뉴욕은 이미 국제금융의 중심지역할과 기능을 수행하고 있었다. 한마디로 달러가 세계의 통화로서 역할을 할 수 있는 모든 여건이 완비되어 있었던 것이다.

🪙 기축통화의 경제적 효용

기축통화가 되면 어떤 이득을 볼 수 있는가?

첫째, 전 세계를 상대로 시뇨리지seigniorage를 누릴 수가 있다. 국가권력은 국민경제 내에서 화폐를 찍어낼 수 있다. 이때 화폐의 액면 가치에 비해 실제로 화폐를 만드는 데에 들어가는 비용의 차액, 국가가 화폐를 찍어냄으로써 얻게 되는 이익을 '시뇨리지'라고 한다. 개별 국가의 정부가 그 나라 국민들로부터 시뇨리지를 거두는 것처럼 기축통화는 세계경제 전체를 대상으로 시뇨리지를 거둘 수 있게 된다.

둘째, 기축통화가 되면 대외 균형에 얽매이지 않고 국내의 경제정책 목표를 추구할 수 있다. 쉽게 말해 환위험에 노출되지 않으므로 아무리 무역적자가 나더라도 외환부도를 걱정할 필요가 없다는 것이다. 그러니까 1997년 우리나라를 강타했던 외환위기 같은 걸 겪을 일이 절대 없다는 얘기다.

미국은 세계 최대의 무역수지 적자국가이다. 또한 세계 최대의 재정적자 국가이기도 하다. 경제이론에 따른다면 미국은 만성적인 외환위기에 시달리거나 달러 가치의 폭락으로 이어지게 될 것이다. 그러나 현실은 그렇지 않은데, 그 이유가 바로 달러가 세계의 기축통화이기 때문이다. 이런 현상은 2008년 글로벌 금융위기 극복과정에서도 나타났다. 미국은 자국경제의 회복을 위해 6년이 채 안 되는 기간 동안에 '양적 완화Quantitative Easing'란 이름 아래 약 4조 5천억 달러 이상의 자금을 살포했다.

경제논리에 따른다면 양적완화시책으로 야기된 달러의 증발은 당연히 가치 하락을 가져와야만 한다. 그러나 현실은 달러의 가치 하락을 초래하지 않았다. 오히려 위기의 순간에는 안전자산을 선호하는 심리가 확산되면서 달러의 가치가 안정되거나 오르기까지 했다.

또한 미국이 2014년 10월 양적완화를 종료하자 신흥국 시장들은 또다시 출렁이는 모습을 보였다. 즉 그동안 신흥국 시장에 유입되었던 달러자금 등 외국계 여유자금들이 썰물처럼 빠져나가기 시작한 것이다. 결국 미국은 1945년에 달러를 기축통화로 만들면서 세계경제체제에서 이와 같은 특권을 누리게 되었다.

유럽연합의 유로화

유럽연합의 공식화폐인 유로화는 1999년 1월부터 화폐 실물 없이 가상화폐로 처음 등장했다. 그러다 2002년 1월 1일부터는 독일·프랑스·이탈리아 등 유럽연합EU, European Union 12개국에 화폐 실물이 공급되면서 일반 상거래 수단으로 통용되기 시작했다. 지금은 유로화를 사용하는 국가들이 늘어나 총 19개 국가에서 통용되고 있다.

이로 인해 독일의 마르크화, 프랑스의 프랑화, 이탈리아의 리라화, 그리스의 드라크마화 등 그동안 EU 가입국들이 독자적으로 사용하던 화폐는 역사의 유물로 남게 되었다. 하지만 EU 회원국 총 28개국 중 영국·스웨덴·덴마크 등 9개국은 아직도 자국 화폐를 사용하고 있다.

유로화가 통용되면서 적어도 유로지역 내에서는 환위험이 없어짐과 함께 각종 거래비용 감소 등의 긍정적 효과가 생기게 되었다. 반면, 개별 국가의 입장에서는 자국 고유의 통화정책 포기라는 부담스러운 기회비용도 초래되었다. 즉 개별 국가들은 자국 중앙은행이 있지만 자국의 경제상황에 맞는 통화정책을 임의적으로 수행할 수 없게 된 것이다. 이제는 반드시 유럽중앙은행ECB, European Central Bank의 통화정책방향을 따라야 하는 제약을 갖게 되었다. 2017년 12월 기준 1 유로화는 1.19달러 수준을 보이고 있다.

🪙 중국 위안화

중국의 공식 화폐는 인민폐런민비, 人民幣이며, 기본단위는 원위안,元이다. 보조단위로 각지마오, 角과 분펀, 分이 사용되고 있다. 1원은 10각, 1각은 10분에 각각 해당한다. 15년 전만 해도 해외에서 위안화를 받는 곳은 동남아 일부 국가를 제외하고는 거의 없었다. 그러나 지금은 아프리카에서도 통용될 정도로 인기 있는 화폐가 되었다.

더구나 위안화의 위상은 앞으로 더 올라갈 가능성이 크다. 일부에서는 유로와 파운드를 제치고 달러와 세계 기축통화 자리를 놓고 다툴 것이라는 주장도 나오고 있다. 현재 중국의 경제 규모와 향후 예상되는 위상을 감안하면 결코 과장된 전망만은 아니다.

더욱이 2016년 10월부터는 위안화가 국제통화기금IMF의 특별인출권

SDR 통화바스켓에 편입되었다. 이로써 위안화는 미국 달러화, 유럽연합 EU 유로화, 영국 파운드화, 일본 엔화에 이어 SDR 바스켓에 편입되는 5번째 통화가 됐다. 이는 위안화가 외환보유 자산으로 인정되는 국제 준비통화로서의 지위를 공식으로 확보하고, 무역결제나 금융거래에서 자유롭게 사용된다는 뜻이다. SDR 바스켓 편입 비율도 10.92%로 엔화8.33%와 파운드화8.09%를 제치고, 미국 달러41.73%, 유로화30.93%에 이어 3번째로 높다. 다시 말해 위안화는 세계 3대 통화로 급부상한 것이다.

🪙 엔화, 파운드화, 프랑화

일본 엔화는 한때 달러를 능가하는 위세를 보이다가 1985년의 플라자합의plaza accord 이후 잃어버린 20년을 겪으면서 점차 퇴조하기 시작했다.

영국의 파운드화는 달러 이전의 기축통화였다. 영국은 1816년 최초로 금 본위제도를 채택했다. 영국 중앙은행이 금을 보유하고 있으면서 그것을 파운드화로 바꿔주는 제도를 실시한 것이다. 그러나 제1차 세계대전 종전 이후 금 본위제의 폐기와 함께 기축통화의 지위를 미국 달러에게 넘겨주게 되었다. 그래도 파운드 당 1.5 달러 선을 유지하면서 달러 대비 가장 강세를 보이던 통화였다. 다만, 브렉시트Brexit 과정에서 소폭 약세를 보여 2017.12월 기준 1파운드 당 1.34달러 수준을 유지하고 있다.

일반적으로 돈은 가로로 디자인되어 만들어지고 있다. 그런데 이런 상식을 깨고 세로로 도안된 화폐도 있다. 바로 세계 최강의 위세를 자랑하는 스위스 프랑화CHF, SFr이다. 스위스 프랑은 스위스연방의 존재 이유가 될 정도로 강력한 화폐이다. 지금도 1스위스 프랑은 1달러 선을 유지하고 있다. 또 스위스 프랑은 세계에서 가장 완벽한 위조방지 장치를 갖추고 있다.

기타 주요국의 통화로는 노르웨이와 덴마크의 크로네, 스웨덴의 크로나, 러시아의 루블화 등이 있다. 인도와 파키스탄, 스리랑카는 루피화를 사용한다. 이슬람 국가들 중에는 사우디아라비아와 이란은 리알, 아랍에미레이트UAE는 디르함, 이라크 · 쿠웨이트 · 요르단 등은 디나르화를 사용하고 있다. 그리고 대부분의 남미 국가들은 페소화를 사용하고 있다.

우리나라의 돈과 화폐개혁

우리나라의 통화 단위는 원이다. 1950년 6월, 중앙은행인 한국은행이 발족하면서부터 최초의 한국은행권인 1,000원권과 100원권이 발행 · 통용되었다. 이후 1953년과 1962년 두 차례의 화폐개혁이 단행되었다.

1945년부터 1952년까지 전쟁에 따른 생산 위축과 거액의 군비 지출로 물가가 400배 이상 폭등하는 상황이 빚어지자 정부는 1953년 2월 14일 화폐 단위를 기존의 '원'에서 '환'으로 바꾸는 긴급통화조치를 단행했다. 아울러 전후 인플레이션을 수습하고 경제활동을 안정시키고자 화폐 단위를 100대 1로 절하했다.

1962년에는 '제1차 경제개발 5개년 계획' 공표에 맞춰 '환' 단위 화폐의 유통을 금지하고, 액면을 10분의 1로 낮춘 '원' 단위 화폐를 사용토록 하는 긴급통화조치를 또 다시 단행했다. 이처럼 두 차례의 액면 조정을 거쳐 최초의 한국은행권 1천원은 1원이 됐다.

최근 또다시 화폐개혁에 대한 국민적 관심이 높아지고 있다. 화폐가 처음 만들어진 당시에 비해 경제 규모가 커지고 물가도 많이 오른 상태이어서 거래에 불편이 따르고 있다. 우리나라에서 1만원권이 처음으로 발행된 것은 1973년이다. 그 당시에 비해 지금의 국민소득은 약 100배로 크게 확대되었고, 소비자물가 수준도 10배 이상 올랐다.

그리고 2009년 6월부터 통용되고 있는 5만원권의 회수율이 상대적으로 낮은데, 이는 고액권이 화폐로서의 기능보다는 부패와 뇌물 수단으로 악용되고 있다는 많은 이들의 주장을 뒷받침하는 근거가 되고 있다. 여기에 실물자산과 암호화폐에 대한 투기현상도 광범위하게 일어나고 있다.

또 원화의 환율 수준이 지나치게 높아 우리나라 통화와 경제력의 위상이 저평가되고 있는 실정이다. 이러한 문제점들을 해소하기 위해 화폐개혁의 필요성이 제기되고 있다.

특히 화폐 거래 단위를 축소하는 리디노미네이션Redenomination에 대한 필요성이 제기되고 있는 상황이다. 리디노미네이션은 거래 시 편의 제고, 회계장부의 기장 처리 간편화, 인플레이션 기대심리 억제, 자국 통화의 대외적 위상 제고 등을 기대할 수 있다.

그러나 화폐 단위 변경으로 인한 불안, 새로운 화폐의 제조에 따른 화폐 제조 비용, 신/구 화폐의 교환 및 컴퓨터 시스템의 교환 등 많은 비용이 수반된다. 자칫 잘못하면 국민경제에 커다란 혼란을 초래하고 물가만 더 상승시킬 위험성도 있다. 실제로 많은 나라에서 화폐개혁을 단행하였지만 실패한 경우가 더 많은 편이다.

국민의 화폐 생활이 변하는 만큼 화폐개혁도 논의하고 필요하면 추진할 수 있다. 하지만 다른 신흥국의 사례처럼 상황논리에 밀려 화폐개혁을 추진하면 실패로 끝나고 엄청난 후폭풍에 시달릴 가능성이 높다. 따라서 화폐개혁은 경제의 안정을 기하고 국민적 공감대를 형성하는 가운데 이루어져야 한다.

3. 각국의 중앙은행과 한국은행

중앙은행은 화폐발행 독점권을 가지고 있으며 또 국가경제를 움직이는 통화신용정책을 수행하는 기관이다. 또 일반 시중은행을 상대로 예금을 받고 대출을 해주기 때문에 '은행의 은행'이라고 불리기도 한다.

🏦 중앙은행의 역할과 기능

화폐발행 독점권이란 우리가 일상생활에서 사용하는 화폐 곧 지폐와 동전을 독점적으로 발행하는 권한이 부여되어 있는 것을 뜻한다. 중앙은행의 발권 규모는 금 본위제에서는 금 준비 여부에 제한되었으나, 지금과 같은 관리통화제도에서는 중앙은행의 재량에 의해 발권 규모가 결정된다. 그 재량이 바로 통화신용정책이 된다.

통화신용정책은 중앙은행이 국가의 화폐 공급 규모, 화폐 가치, 금리 등을 경제 성장이나 안정성을 유지하기 위해 수행하는 일련의 조치를 일컫는다. 이에는 재할인 정책, 공개시장 조작 및 지급준비율 정책 등이 활용되고 있다.

재할인 정책이란 중앙은행이 금융기관에 빌려주는 돈의 양이나 금리를 조절하는 것을 뜻한다. 이는 중앙은행의 기능 중 가장 전통적이고 오래된 것으로, 중앙은행은 이것을 올리거나 낮춤으로써 은행의 차입비용을 규제하고 있다.

공개시장 조작은 중앙은행이 금융시장에서 국공채 등을 사고팔아 통화량과 시장금리를 조절하는 것을 뜻한다. 시중에 통화가 너무 많으면 중앙은행이 보유하고 있는 국공채를 팔거나 통화안정증권을 발행 판매하여 자금을 거두어들이고, 통화를 추가로 공급할 필요가 있을 때에는 금융기관으로부터 이들 증권을 사들임으로써 시중에 자금을 공급하게 된다.

지급준비율 정책은 중앙은행이 예금지급준비율을 변경시켜 통화량을 조절하는 방법을 말한다. 금융기관은 예금의 일정비율 지급준비율을 예금 지급에 대비하여 한국은행에 예치해야 한다. 중앙은행은 이러한 지급준비율을 높여 금융기관이 대출 등에 이용할 수 있는 여유자금을 줄임으로써 통화량이 늘어나지 않게 하거나, 이 비율을 낮추어 통화량을 늘리고 있다.

한편, 1980년대 이후 본격화된 금융 자유화 및 개방화로 금융시스템의 불안정성이 커지면서 금융시스템의 안정이 중앙은행의 핵심적 기능의 하나로 부각되었다. 이는 금융기관과 금융시장에 불안 요인은 없는지를 상시적으로 분석하여 필요한 경우에는 긴급자금의 공급을 통해 금융안정을 도모하는 기능을 뜻한다. 더욱이 2008년 리먼이 파산하면서 본격화된 글로벌 금융위기 이후 이에 대한 국제사회의 논의가 급진전되어 왔다.

이와 함께 중앙은행은 세금 등 정부 수입을 국고금으로 받아 두었다가 정부가 필요로 할 때 자금을 내주는 업무를 하는 한편 정부가 자금이 일시적으로 부족할 때 돈을 빌려주기도 하는 정부의 은행 역할도 수행하고 있다.

또 대외지급 준비자산인 외환보유액을 적정한 수준으로 유지하여 대외지급에 대비하고, 또 외화자산을 국내외 금융기관에 맡기거나 외국증권에 투자하는 등 외화자산의 보유와 관리 기능도 수행하고 있다.

이처럼 국가경제에 중요한 역할과 기능을 수행하는 중앙은행은 정부나 의회의 압력을 받지 않고 독자적으로 금융정책을 수행할 수 있어야 한다. 중앙은행이 정치적인 압력을 받게 될 경우 방만한 금융정책을 수행하게 되어 물가불안을 초래할 수 있기 때문이다. 포퓰리즘populism으로 인해 금융정책이 왜곡되는 것을 방지하기 위해, 그리고 집중된 자본이 시장을 지배하는 것을 막기 위해 중앙은행의 독립성이 필요하다는 것이다.

그러나 오늘날과 같이 경제현상이 복잡다기한 상황에서는 국가경제 전반에 영향을 미치는 금융정책을 중앙은행이 단독으로 결정하는 것은 적절하지 않다. 이는 다른 정책 수립 기관과의 효율적인 협조가 이루어지지 않으면 종합적이고 체계적인 경제정책 수립이 어려워지기 때문이다. 특히 금융정책과 재정정책은 경제정책 전체의 효율이 극대화되도록 상호보완적으로 추진되어야 할 것이다.

세계의 주요 중앙은행

미국의 중앙은행격인 연방준비이사회 Fed, Federal Reserve Board는 세계의 중앙은행 역할을 하고 있다. 연방준비이사회의 통화정책 결정은 세계 경제와 국제금융시장에 즉각적이고도 커다란 영향을 끼치고 있다. 이는 1913년 「연방준비법Federal Reserve Act」에 의거해서 설립된 미국 특유의 중앙은행이다. 금융 상태를 적절하게 조정함으로써 기업 활동과 고용의 확대, 달러 가치의 유지, 경제의 지속적 성장 촉진을 도모하는 것을 목적으로 하고 있다.

연방준비이사회는 여러 독립기관으로 이루어진 조직이다. 12개 지역에 개별 연방은행Federal Reserve banks이 있으며 본부는 워싱턴 D.C에 있다. 개별 연방준비은행은 그 지역의 중앙은행 역할을 수행한다. 연방준비이사회는 의장을 포함해 모두 7명의 이사Governor로 구성된다.

이사회 의장은 현재 재닛 옐런Janet Yellen이지만, 2018년 2월부터는 제롬 파월Jerome Hayden Powell이 새로운 의상으로 취임할 예정이다. 의장의 임기는 4년이며 연임이 가능하다. 연방공개시장위원회Federal Open Market Committee, FOMC는 최대 기능인 통화정책을 결정하는 기구로 연간 8회 개최되고 있다.

1998년 출범한 유럽중앙은행European Central Bank, ECB의 주요 기능은 금리조절 등을 통해 유로화를 사용하는 19개 유럽국가, 즉 유로존Eurozone의 경제를 안정시키는 일이다. 또 유럽 단일통화인 유로화 발행의 독점적인 권한을 갖고 있다. 총재, 부총재, 상임이사 4명, 회원국 중앙은행 총재 16명 등 모두 22명으로 구성된 정책이사회Governing Council에서 매월 기준금리를 결정하고 있다. 그러나 그 기능은 유로존의 전체적인 금융정책 방향을 설정하는 것이며 실제 각 나라의 통화정책은 각국 중앙은행이 책임을 지는 구조다.

한국은행

우리나라의 중앙은행인 한국은행은 1960년대까지만 해도 정부로부터의 독립성이 매우 취약하여 '재무부 남대문출장소'라고 불리기도 했다. 이후 독립성 강화 문제를 두고 논란이 있어 왔으나 큰 진전을 보지 못했다. 한국은행의 위상이 올라가는 전기를 맞게 된 것은 1997년 6차 「한국은행법」 개정이 이루어지면서부터이다. '금융통화운영위원회'를 '금융통화위원회'로 격상시키고, 의장도 재정경제원 장관에서 한국은행 총재로 바뀌었다.

그러나 보다 실질적으로 한국은행이 독립성을 지니게 된 계기는 2008년의 글로벌 금융위기였다. 당시 위기가 터지면서 한국은행이 금융시스템 안정을 위해 제 역할을 못하고 있다는 비판이 제기되었다. 이에 2011

년 9월 「한국은행법」을 개정하면서 한국은행의 목표에 '물가안정' 외에 '금융안정'을 추가하고 일반 금융회사에 대한 조사권을 강화했다.

통화정책의 최고 의사결정기구인 금융통화위원회는 한국은행 총재 및 부총재를 포함하여 7인의 위원으로 구성되어 있다. 이 밖에 기획재정 부 장관 · 한국은행 총재 · 금융위원회 위원장 · 대한상공회의소 회장 · 전국은행연합회 회장이 각각 1인씩 추천하는 5인이 위원으로 참여한다. 금융통화위원회 본회의는 의장이 필요하다고 인정하는 때, 또는 위원 2 인 이상의 요구가 있을 때 의장이 소집할 수 있다. 현재는 매월 둘째 주, 넷째 주 목요일에 정기회의가 개최되고 있다.

4. 금과 대체통화

금은 참으로 신기한 금속이다. 수 천년이 지나도 빛깔이나 중량이 변하지 않는 완전한 금속이며 목걸이나 반지로 가공되어 사람의 피부에 닿아도 전혀 유해하지 않다. 여기에 뭔가 욕망을 자극시키는 번쩍임과 묵직한 중량을 지니고 있기 때문인지 금은 옛날이나 지금이나 인간이 가장 가지고 싶어 하는 대상물이다. 그리고 일찍부터 화폐 대용으로 활용되어 왔다.

대표적인 예가 금 본위제도이다. '금 본위제도Gold Standard'는 통화의 가치를 금의 가치와 연계시키는 화폐제도이다. 이는 19세기 영국에서 시작되었다. 금 본위제도에서는 언제든지 화폐를 금과 맞바꿀 수 있었다. 화폐의 발행 규모도 금 보유량에 연동되었고 환율 역시 금에 연동되어 있었다.

이처럼 금의 가치에 연동되어 안정적인 모습을 보이던 금 본위제도는 2차례의 세계대전을 거치면서 크게 흔들리게 된다. 전쟁에 필요한 돈을 충당하기 위해 참전국들이 돈을 마구 찍어냈기 때문이다. 자신들이 금을 얼마나 가졌는지는 중요하지 않았다. 그 결과 돈의 가치가 엉망이 되었고, 세계 경제질서를 회복시키기 위한 새로운 제도가 필요해졌다.

이에 제2차 세계대전 이후 세계경제를 이끌어가게 된 미국은 금 본위제와 유사한 국제통화체제인 브레튼우즈 체제Bretton Woods system를 출범시켰다. 이 체제에서도 금은 계속 국제통화인 달러 · 파운드 등과 함께 국제결제를 원활히 하기 위한 중요한 화폐의 하나였다.

이 체제에서 미국은 국제 금 가격을 1934년의 금준비법에서 정한 가격인 금 1트로이온스31.1035g 당 35달러를 그대로 유지하였다.

그러나 미국의 만성적인 국제수지 적자와 금의 유출 때문에 1968년에는 금의 공정평가시세는 그대로 두고, 민간시장의 금 가격은 자유시세에 맡기는 제도인 이중二重 가격제도를 채택했다. 또한 공정가격도 1971년 말 1트로이온스 당 38달러, 1973년 2월에는 42.23달러로 인상하였다. 이러한 조치에도 불구하고 자유시세는 여전히 공정가격보다 상당히 웃돌았다.

이에 따라 1976년 1월 마침내 금의 공정가격을 폐지키로 결정하였다. 이후 국제 금 가격은 런던 LBMALondon Bullion Market Association 고시가격을 가장 표준적인 시세로 사용하고 있다. 런던 금시장은 세계에서 가장 거래량이 많은 시장이다. 1684년 개장된 이래 300년 이상 금을 거래해온 역사 덕분에 이곳에서 결정된 가격이 곧 국제시세인 셈이다.

런던 시장에서의 금 가격은 달러 불안 등으로 지속적인 상승 추세를 보여 1979년에는 한때 1,800달러를 넘은 일도 있었다. 그러나 달러 강세 시기인 1981년에는 300~350달러까지 떨어졌으며, 1995년도에는 380~390달러 선을 유지하였다. 이후 글로벌 금융위기가 발생한 2008년부터는 금 가격이 상승함으로써 2011년 8월 금 가격은 온스 당 1,900달러를 기록하였다.

이처럼 브레튼우즈 체제에서는 달러 가치가 금에 의해 보장되어 달러와 국제 금값이 같은 방향으로 움직였다. 따라서 금은 달러와 보완관계로 가장 안전한 자산으로서 역할을 수행하였다. 그러나 브레튼우즈 체제가 와해되어 환율이 시장에서 결정되고 달러를 더 이상 금으로 바꾸어주는 금태환제도가 시행되지 않자 달러와 금은 대체관계로 변화하게 되었다. 즉, 달러가 강세를 보이면 금값은 하락하고 달러가 약세를 보이면 국제 금값이 상승하는 추세를 보여 왔다.

이러한 대체관계는 특히 2008년 글로벌 금융위기 이후 극명하게 나타나고 있다.

금융위기가 진행되기 전에도 달러는 약세를 보여 왔지만, 당시의 금값은 온스 당 900~1,000달러 수준이었다. 그러다 한창 금융위기가 진행되던 2011년 8월 22일에는 온스 당 1,916달러장중 최고 기준 종가는 1,889달러로까지 치솟았다. 그러나 미국 경제가 점차 회복되고 달러가 강세를 보이기 시작하자 금 시세는 다시 하락하기 시작했다. 2018년 1월 기준 국제 금 시세는 온스 당 1,320달러 수준을 유지하고 있다.

금을 많이 보유한 나라는 단연 미국이다. 이어 독일, 이탈리아, 프랑스 등 유럽 국가들이 금을 많이 보유한 것으로 나타나 있다. 이들 국가들은 외환 보유고에서 금이 차지하는 비중도 큰 편이다. 반면 우리나라, 일본, 중국 등 아시아 국가들은 금 보유량 자체뿐만 아니라 외환 보유고에서 금이 차지하는 비중도 매우 낮아 금 보유량을 늘리려는 시도를 하고 있다.

특히 금에 대한 애착이 유별나기로 소문난 중국은 얼마 전부터 금 보유량을 크게 늘리면서 실제 금 보유량은 공식통계를 크게 상회하는 것으로 알려지고 있다.

금 보유 상위국가

순위	국가	보유량(톤)	금/외환보유고 (%)
1	미국	8,133.5	72.2
2	독일	3,381.0	66.3
3	IMF	2,814.0	–
4	이탈리아	2,451.8	64.0
5	프랑스	2,435.6	60.1
6	중국	1,762.3	1.8
7	러시아	1,392.9	13.0
8	스위스	1,040.0	6.0
9	일본	765.2	2.1
10	네덜란드	612.5	54.6
:	:	:	:
31	한국	104.4	1.0

자료: 세계금위원회(2016년 2월말 기준)

5. 주기적으로 발생하는 금융위기

금융위기 혹은 통화위기란 한 나라 통화의 대외 가치에 불안이 일어나 종래의 외환평가 유지가 곤란하게 되는 현상을 말한다. 기업 경영과 금융 부실이 드러나고 외환 보유고가 크게 줄어들면 대외 신뢰도가 떨어져 외환의 차입이 어려워지게 되고 외환시장의 불안으로 환율 상승의 압력이 가해지는 악순환을 겪게 된다.

여기에 더하여 외국 자본이 일시에 빠져나가며 화폐 가치와 주가가 폭락하여 금융기관이 파산하고 예금주들은 금융기관에서 한꺼번에 예금을 인출하려는 사태가 벌어지게 된다. 이에 금융이 경직되면 기업의 도산이 속출하고 실업자가 급증하여 사회적 불안이 가중된다.

그동안 세계경제는 수차례에 걸쳐 크고 작은 금융위기를 겪어왔다. 1997년의 아시아 금융위기와 2008년의 글로벌 금융위기는 가장 대표적인 위기였다. 1997년의 위기는 우리나라가 직격탄을 맞았고, 2008년의 글로벌 위기는 기축통화국인 미국이 그 진앙지가 되었다.

ⓦⓑ 금융위기의 원인

그러면 이처럼 세계적인 금융위기가 빈번하게 일어나는 이유는 어디에 있는 것일까? 우선 자본시장의 자유화가 지나치게 빠른 속도로 이루어졌고 아울러 이에 대한 적절한 안전장치의 부족 문제를 꼽을 수 있다.

세계화와 자본 자유화의 급속한 확산은 헤지펀드Hedge fund나 사모펀드Private equity fund 등 투기자본들이 단기차익의 극대화를 노리고 국제금융시장을 별다른 통제를 받지 않고도 자유로이 넘나들 수가 있었다. 소위 '핫머니hot money'가 된 것이다. 이는 결국 국제자본의 변동성을 높여 1990년대 후반 아시아 지역에서 발생한 외환위기가 세계적 위기로 확산되기도 하였다.

국제사회는 이처럼 어떤 안전장치 없이 국경을 넘나드는 자본의 이동을 무차별적으로 허용할 경우 위기마저 세계화시킬 우려가 크다는 점을 뒤늦게 인지하게 되었다. 그동안 자본 자유화의 전도사 역할을 해오던 IMF도 인식을 바꾸었다. IMF는 "완전한 자본 자유화가 항상 모든 국가에 바람직한 것은 아니다. 적절한 금융 규제·감독이 수반되지 않으면 자본 자유화는 변동성과 취약성을 증폭시켜 위기를 초래할 수 있다"고 지적했다.

또 다른 금융위기의 원인으로는 기축통화체제에 내재하고 있는 환율변동성 문제를 들 수 있다. 환율변동성 증대 문제는 그렇지 않아도 경쟁력이 약화되고 있던 기축통화국 미국의 경상수지 적자 규모를 더욱 확대시켰다. 반면 핫머니 등 국제자본시장을 교란하는 요인이 커지게 되자 중국과 동아시아 국가들은 미래의 외환위기 가능성을 예방하기 위해 외환 보유고 비축을 늘려갔다. 이 과정에서 국제 금융질서는 더욱 불안정해지고 균형을 잃어가게 되었다.

이와 함께 금융공학의 발전도 금융위기를 초래하는 데 일조를 했다. 하루가 멀다않고 이상한 이름의 금융상품들이 쏟아져 나오고 있으며, 이들 금융상품을 관리하는 기법 또한 첨단을 걷고 있다. 특히 파생상품들은 레버리지효과를 통해 거래되므로 투기성이 강하고 고위험을 수반한다. 1995년 영국의 베아링이 파산한 뒤 ING에 1달러에 인수된 사례에서 볼 수 있듯이 단 한 번의 투자 실패가 회사를 망하게 할 수 있을 정도이다.

더욱이 일부 악명 높은 헤지펀드들은 이 파생금융상품 거래를 주 무기로 금융 취약국들을 공격하고 다니면서 국제 금융질서를 어지럽혔다. 여기에 파생금융상품 거래는 전통적인 금융상품과 달리, 계약 당시 거래 당사자 사이에 자금의 흐름이 일어나지 않고 장래의 약속만 존재하는 부외거래 즉 회계장부에 기재되지 않는 거래라는 성격을 가지고 있다. 이러한 특성 등으로 인해 파생상품과 그 거래는 잇단 금융 위기의 주범으로 지목되고 있다.

금융기관에 대한 규제와 감독 부실도 주요 금융위기 요인의 하나로 꼽는다. 금융기관의 자본 건전성과 운영의 투명성에 대한 별다른 제재 조치가 없다 보니 상업금융기관들의 무리한 대출이 자행되었다. 결국 수익성이 높은 고위험 상품에 대한 투기가 일어나게 되었지만 브레이크 없이 굴러가다보니 사고가 터지게 된 것이다. 국제 신용평가사들이 의뢰기관으로부터 뇌물을 받고 신용등급을 올려주는 엉터리 신용평가 관행도 이에 가세했다.

금융위기 재발 방지 대책

그렇다면 앞으로 금융 위기가 재발되지 않도록 하기 위해서는 어떻게 해야 할까? 우선 이미 지적한 위기의 원인들을 모니터링하고 문제의 소지가 발생할 경우 이를 즉시 치유함으로써 국제 금융질서를 안정시키는 노력을 강화해 나가야 할 것이다. 또한 국제금융시스템의 안전망 강화를 위한 제도의 개선과 감독 기능을 강화할 필요가 있다. 예를 들면 국제회계기준의 강화, 국제신용평가기관에 대한 감시 강화, 헤지펀드와 사모펀드 등의 투기자본에 대해서도 다른 금융기관과 동일한 건전성, 안정성 감독 및 규제를 적용하는 것 등이다. 그리고 이러한 노력을 담보하는 국제사회의 협력과 공조가 매우 중요하다.

특히 2008년의 글로벌 금융위기를 극복하는 과정에서 미국을 위시한 선신국들이 양석 완화를 통해 엄청나게 공급시킨 유동성이 신용시상으로 유입되었다. 이후 신흥국을 위시해 자본 변동의 취약성이 큰 국가들은 이 핫머니와 헤지펀드 등 시장을 교란하는 자금의 흐름을 규제하기 위해 다양한 외환 및 자본거래 제한 조치를 취하고 있다.

이러한 안전장치safeguard들과 함께 금융위기 진화와 투기 억제를 위해 '금융거래세일명 토빈세, Tobin's tax'를 도입하는 문제가 국제사회의 핫이슈로 등장하였다. 원래 이 금융거래세는 1978년 경제학자 제임스 토빈이 단기성 투기자금을 규제하기 위해 모든 외환거래에 0.1% 정도의 세금을 부과하자고 주장한 데서 비롯된 것이다. 다만, 이 토빈세제도는 모든 관련국들이 동시에 운용해야 실효성을 거둘 수 있다는 현실적인 한계가 있다.

그러나 무엇보다 중요한 것은 이러한 금융위기의 본질과 근원은 결국 남이야 어찌되던 자신만의 이익을 극대화하겠다는 이기심과 탐욕에서 비롯되었다는 점을 깨닫는 것이다. 실제로 이런 정황은 여기저기서 나타나고 있다.

2008년 글로벌 금융위기 당시 신용평가회사 직원들이 회사 수익을 올리기 위해 엉터리 신용평가를 한 정황이 담긴 이메일이 공개되어 세상을 떠들썩하게 만들기도 했다. 무디스의 한 직원은 문제가 있는 모기지담보증권MBS에 신용등급을 부풀려 매긴 뒤 임원에게 보낸 이메일에 "우리는 매출을 위해 악마에게 영혼을 팔았다"라는 문구를 남겼다.

따라서 탐욕과 이기심을 버리고 다 같이 잘 사는 세상을 만들어 나가겠다는 마음, 즉 인간성을 회복시키는 노력을 강화해 나가는 것이 금융위기 재발 방지를 위한 유일한 해결책이라 할 수 있을 것이다.

6. 투기가 아닌 투자를 위하여

투자가 불가피한 시대

사람이 경제생활을 영위해 나가는 데 있어 투자행위는 불가피하다. 더욱이 미래에 대한 불확실성이 갈수록 커지면서 노후생활을 좀 더 안락하게 보내려는 목적에서 사람들은 이런저런 종류의 투자를 하게 된다. 그러나 우리는 투자행위를 전혀 하지 않거나 혹은 잘못된 투자를 할경우 커다란 낭패를 보는 시대를 살고 있다.

그런데 간혹 이 투자가 도를 넘어 투기로 변해 말썽을 낳고 있다. 날이 갈수록 그 정도가 심해지고 있다. 사회 통념상 투자는 정상적인 방법처럼 느껴지고 투기는 사기 또는 도박처럼 인식되어 있다. 사전적으로 투자investment는 생산활동과 관련된 자본재의 총량을 유지하거나 증가시키는 활동을 일컫는다. 반면 투기speculation는 생산활동과 관계없이 이익 추구만을 목적으로 자산을 사고파는 행위를 뜻한다. 『국부론The Wealth of Nations』의 저자 아담 스미스Adam Smith도 이렇게 말했다.

"투자는 상품을 사용해서 얻는 이득을 보고 거래를 하는 것이고, 투기는 구매하는 상품의 가격 상승을 바라고 그 매매 차익을 위하여 거래하는 것이다."

자본주의 시장경제에서는 투자와 투기 둘 다 시장 조성을 위해서 반드시 필요하다. 그리고 투자나 투기 모두 이익을 추구하는 관점에서 보면 다를 게 없으며, 시장이 굴러가는데 필요한 행위들이다.

생산적인 투자 vs 탐욕의 투기

그러나 이 양자 사이에 분명한 차이점은 존재한다.

첫째, 자금을 운용하는 목적에서 차이가 있다. 일반적인 투자는 실제 경제활동의 필요성에 의하여 이루어지는 반면, 투기는 가격이 오르내리는 차이에서 오는 이득을 챙기는 것을 목적으로 한다. 따라서 부동산을 구입할 때 그곳에 공장을 지어 상품을 생산할 목적을 지닌 경우는 투자가 될 수 있지만, 부동산 가격의 인상만을 노려 일정 기간 후에 이익을 남기고 다시 팔려는 목적을 가진 경우에는 투기 행위가 된다고 볼 수 있다.

둘째, 이익을 추구하는 방법에 있어서도 차이가 있다. 투자는 생산활동을 통한 이익을 추구하지만 투기는 생산활동과 관계없는 이익을 추구한다. 즉 투자를 통해서는 재화나 서비스가 생산되고 고용이 창출되는 등 경제활동이 이루어지면서 다양한 부가가치가 만들어진다. 시간이 지나면서 애초 투자의 가치가 커져 자본이익도 함께 발생한다. 하지만 투기는 생산활동과는 관계없이 가격 변동에 따른 이득 추구만이 목적이기 때문에 부가가치가 거의 발생하지 않는다.

셋째, 투자와 투기는 제공되는 정보의 질에 현저한 차이가 있다. 투자는 전문지식을 기반으로 다양하고 합리적인 정보들이 제공되지만, 투기는 질적으로 낮은 정보에 의존하는 경우가 많다. 투자는 정확한 데이터를 기반으로 미래를 예측하고 효용을 이끌어내는 활동이다. 이에 비해 투기는 구체적이고 신뢰할 만한 데이터가 아닌 소위 '카더라'성 추측 정보에 의존하는 것이 대부분이기 때문에 특히 주의를 기울여야 한다.

넷째, 투자는 리스크risk 관리가 가능하지만, 투기는 리스크 관리가 되지 않는 경우가 많다. 투자는 어떤 목적 달성을 목표로 합리적 판단을 위한 정보 수집과 분석 등을 통해 위험을 줄이는 것이 가능하다. 하지만 투기는 쉽게 한 방을 노리는 마음으로 운에 맡기는 경우가 일반적이기 때문에 불확실성이 따르게 된다. 결국 누군가는 마지막에 손해를 볼 수밖에 없는 구조를 갖는 경우가 대부분이다.

이 밖에노 상기적 수익을 기대하면 부자인 반면, 투기는 단기적 수익을 노리고 돈을 굴리는 것이라고 간주하기도 한다. 적법성 여부에 따라 합법이면 투자, 불법이거나 혹은 도덕적인 문제가 있다면 투기라고 볼 수 있다.

Ⅰ. 법정화폐의 세계

🪙 튤립 투기와 닷컴 버블

그러면 역사상 가장 폭발적인 투기의 대상은 무엇이었을까? 놀랍게도 그건 주식도 부동산도 아닌 바로 튤립이었다. 1630년대 네덜란드에서 일어난 튤립에 대한 과열 투기 현상은 역사상 최초의 자본주의적 투기라고 전해진다. 당시 네덜란드는 작물산업의 호황과 동인도회사를 통해 벌어들이는 막대한 수입 등에 힘입어 유럽에서 가장 잘 사는 나라였다. 이로 인해 부에 대한 개인들의 과시욕이 상승하면서 튤립 투기가 발생하게 된 것이다. 당시 네덜란드에서는 희귀한 튤립의 소유와 경작이 부와 명예의 표상이었다.

이에 튤립 투기 수요가 엄청나게 증가하면서 튤립 가격이 1개월 만에 50배나 뛰는 일이 발생했다. 나아가 시간이 지나면서 미래 어느 시점을 정해 특정한 가격에 매매한다는 계약을 사고파는 선물거래까지 등장했다.

그러나 거품bubble은 순식간에 꺼져버렸다. 사람들은 점차 가격은 형성되어 있지만 거래가 없다는 인식을 가지게 되었다. 결국 법원은 1637년 튤립의 재산적 가치를 인정할 수 없다는 판결을 내리게 된다. 이후 튤립 가격은 최고치 대비 수천 분의 1 수준으로 폭락했다.

가격이 하락세로 반전되면서 팔겠다는 사람만 넘쳐나면서 거품이 터지게 된 것이다. 상인들은 빈털터리가 되었고 영지를 담보로 잡히고 튤립에 투자했던 귀족들은 영지를 날려야 했다. 이러한 파동은 네덜란드가 영국에게 경제대국의 자리를 넘겨주게 되는 주요 요인이 되었다. 또

이 사건은 경제 주체의 투기 심리와 실물가치에 기반을 두지 않는 화폐 거래는 금융공황을 발생시키게 된다는 교훈을 남기게 되었다.

닷컴버블dot-com bubble 또한 주요한 투기 역사의 한 장이다. 1990년대부터 정보기술IT, Information Technology과 정보산업의 중요성이 사회 곳곳에서 언급되기 시작한다. 아울러 인터넷이 서서히 대중화되기 시작하였다. 사람들은 이 시기를 흔히 IT혁명, 정보혁명기로 부른다. 넷스케이프Netscape와 야후Yahoo에서 시작한 닷컴버블은 전자상거래의 대표기업인 이베이eBay와 아마존Amazon의 등장으로 점점 더 커지게 된다. 1999년 나스닥지수는 한 해에만 85%가 급등한다. 이러한 추세는 2000년 초반까지 이어졌다.

그러나 미국에서 제일 큰 인터넷 사업자 '아메리카 온라인AOL'이 주저앉아버리면서 곧바로 주가가 폭락하기 시작했고 연이어 수많은 기업들이 파산하게 되었다. 증시는 하락하여 2000년 5월에는 주식 가격이 최고점 대비 30% 가까이 빠지게 되자 미국은 금리 인상을 단행했고 이후 IT 버블도 종말을 고하게 되었다.

투기가 아닌 투자를 위하여

투자와 투기의 차이란 결국 욕심과 리스크 관리가 되느냐 안 되느냐의 차이라고 볼 수 있다. 쉽게 더 많이 벌고 싶은 욕심에 눈이 멀게 되면

무리를 하거나 불법도 하게 되며 사기 유혹에도 쉽게 넘어가게 된다. 또 평소에는 하지 않던 이상한 유형의 투자도 시도하게 되면서 투기가 된다. 그리하여 돌이킬 수 없는 탐욕의 강을 건너게 되는 것이다.

아무리 합법적이고 좋은 투자라 하더라도 리스크 관리가 되지 않고 욕심에 눈이 멀어 무리수를 두게 된다면 투기가 될 것이다. 이런 투기는 투자자 자신을 파괴할 뿐만 아니라 사회에도 결코 도움이 되지 않는다. 따라서 탐욕의 노예가 되어 스스로를 파괴하는 투기보다는 합법적이고 안전하며 건전한 투자 습관을 가지도록 노력해야 한다.

7. 우리나라의 주식시장 운영 상황

발행시장과 유통시장

창업 초기의 기업은 소수의 특정인에게 주식을 발행하여 자금을 조달하게 된다. 그러다가 기업이 성장하고 보다 많은 자금이 필요해지면 주식을 거래소에서 거래하기 위해 불특정 다수인을 대상으로 주식을 모집 또는 매출하는 기업공개IPO, initial public offering를 하게 된다.

이때부터 누구나 거래소를 통해 이 기업의 주식을 자유롭게 매매할 수 있게 되고 기업은 자금이 필요해지면 유상증자를 통해 추가적으로 주식을 발행할 수 있게 된다. 이와 같이 기업이 새로운 주식을 발행하여 장기적으로 자기자본을 조달하는 시장을 주식 발행시장primary market이 라고 한다.

주식을 발행하는 방법에는 직접발행과 간접발행 두 가지가 있다. 직접발행은 발행 기업이 중개기관을 거치지 않고 투자자에게 직접 주식을 팔아서 자금을 조달하는 방식으로 유상증자를 통해 기존 주주 또는 제3

Ⅰ. 법정화폐의 세계

자에게 주식을 배정하는 경우에 주로 사용된다. 반면에 간접발행은 전문성과 판매망을 갖춘 중개기관을 거쳐 주식을 발행하는 방식으로 최초 기업공개IPO 시에는 대부분 이 방식이 사용된다.

이렇게 발행된 주식의 거래가 이루어지는 시장을 주식 유통시장 secondary market이라고 한다. 우리나라의 주식 유통시장은 유가증권시장, 코스닥, 코넥스, 파생상품시장 등으로 구분된다. 유가증권시장이란 한국거래소KRX가 개설·운영하는 시장으로서 엄격한 상장 요건을 충족하는 주식이 상장listing되어 거래되는 시장이다. 통상 1부시장이라고 하며 대기업이 주를 이룬다.

반면에 코스닥시장은 유가증권시장보다는 상장 기준이 완화된 편이며, 중소기업이나 벤처기업이 많은 것이 특징이다.

코넥스KONEX, Korea New Exchange는 코스닥 전 단계의 주식시장으로 창업 초기의 중소기업을 위해 2013년 7월에 개장했다. 코넥스는 기존 주식시장인 유가증권 시장이나 코스닥에 비해 상장 문턱을 낮추고 공시 의무를 완화하여 창업 초기 중소기업의 자금 조달을 위해 설립되었다. 하지만 투자 자격은 까다로워 투자 주체는 증권사, 펀드, 각종 연기금 등 자본시장법상 전문투자자로 제한되었고 일반 투자자는 펀드 가입 등을 통해 간접투자를 할 수 있다.

파생상품시장은 시세 변동에 따른 위험을 줄이기 위해 주식과 채권 같은 전통적인 금융상품을 기초 자산으로 하여 만들어진 선물, 옵션과 같은 파생상품이 거래되는 시장이다. 매매를 위해서는 먼저 계좌를 개설하고, 계약에 상당하는 증거금을 납부하며, 위험 고지와 투자 성향 정보가 등록되어야 주문을 할 수 있다.

주가지수와 주요 상품

주가지수는 개별 종목의 가격 변동에 따라 주식시장 전체 주가의 움직임을 종합적으로 알아볼 수 있는 지수이다. 우리나라에서 가장 많이 인용되는 주가지수는 각각 유가증권시장과 코스닥시장에 상장된 모든 종목의 주가변동을 나타내는 코스피KOSPI, Korea Stock Price Index지수와 코스닥KOSDAQ지수이다. 한편, 투자자의 투자 대상은 거래소에 상장된 종목이 일반적이지만 특별히 지수를 투자 대상으로 하는 경우도 있다. 대표적인 상품이 ETF와 ELS다.

ETFExchange-Traded Fund, 상장지수펀드는 KOSPI 200 등의 지수 혹은 특정자산의 가격 움직임에 따라 수익을 얻도록 만든 펀드로 주식처럼 거래소에 상장되어 있어 투자자는 자유로이 매수·매도가 가능하다. 우리나라는 2002년 ETF를 거래소에 상장한 이후 빠르게 성장하고 있다.

ETF는 일반펀드와 유사하시만 차이점도 있다. 즉 ETF는 개별 종목에 비해 변동성이 작고 주가에 연동되는 상품이라는 점에서는 인덱스펀드와 유사하다. 그러나 수수료가 저렴하고 또 주식처럼 상장되어 있어서 언제든지 매매가 가능하여 거래가 편리하다는 점에서 차별화된다. 그리고 일반펀드의 경우 설정을 위한 개별종목의 매수세 증가와 펀드 환매에 따른 빈번한 종목 매매가 따르지만, ETF는 이러한 성향을 완화함으로써 시장을 안정시키는 역할도 하고 있다.

ELSEquity Linked Securities, 주식연계증권는 개별주식의 가격이나 주가지수에 연계되어 투자 수익이 결정되는 증권으로, 주가와 연계되어 수익이 결정된다는 점에서 '주가연계 증권'이라고 한다. 다수의 우량종목을 선정해 이를 기초자산으로 하여 주가가 일정 목표치를 달성하면, 3개월 또는 6개월마다 사전에 약정한 시기에 조기상환의 방식으로 투자금과 수익률을 돌려주거나 만기에 확정수익률을 보장하고 있다. 이에 따라 주가가 가입 시 보다 상승했다면 높은 수익을 거둘 수 있겠지만, 주가가 목표치를 달성하지 못했을 경우에는 원금에서 손실이 발생할 수도 있다.

주식 거래 제도와 거래 비용

주식을 거래하기 위해서는 계좌를 개설한 다음, 영업점 방문 또는 전화로 주문하거나 인터넷 등의 전자주문매체를 이용하면 된다. 최근에는 온라인의 발달로 집이나 사무실에서 컴퓨터를 이용하여 주식을 거래하는 HTShome trading system가 보편화되었다. 나아가 이제는 모바일 스마트기기를 이용하여 어디서나 주식을 거래할 수 있는 MTSmobile trading system의 보급도 점차 확대되고 있다.

거래소의 주식 매매시간은 오전 9시부터 오후 3시까지이고, 매매 체결 방식은 가격우선 원칙과 시간우선 원칙을 적용하여 개별 경쟁으로 매매 거래가 체결된다. 즉, 매수 주문의 경우 가장 높은 가격을, 매도 부문의 경우 가장 낮은 가격을 우선적으로 체결하고 동일한 가격의 주문 간에는 시간상 먼저 접수된 주문을 체결하게 된다.

한편, 주가지수가 일정수준 이상 급락하는 경우, 투자자들에게 냉정한 투자 판단 시간을 제공하기 위해 증권시장의 매매거래를 일시적으로 중단하는 제도가 있다. 서킷 브레이커스circuit breakers와 사이드카sidecar 이다.

서킷 브레이커스는 3단계에 걸쳐 발동되며 주식시장의 모든 종목 및 주식 관련 선물·옵션 시장의 매매거래가 각각 20분간 중단된다. 현재 코스피 지수 또는 코스닥 지수가 전일대비 각각 8%, 15%, 20% 이상 하락하여 1분간 지속될 때마다 발동된다. 다만, 서킷 브레이커스가 발동되는 것은 주가 하강기에만 한정되고 주가 상승기에는 발동되지 않는다는 것이다. 이에 비해 사이드카는 주가 하강기뿐만 아니라 상승기에도 발동 대상이 되며, 또한 프로그램매매에 한정하여 호가 효력을 정지한다는 점에서 주식시장 전체의 매매 거래를 중단하는 서킷 브레이커스와 차이가 있다.

현행 사이드카 발동 요건은 유가증권시장은 코스피 200지수선물 가격이 기준가 대비 5% 이상 변동하여 1분간 지속되는 경우이다. 그리고 코스닥시장은 코스닥 150선물 가격이 6% 이상 변동하고 코스닥 150지수가 3% 이상 변동하여 1분간 지속되는 경우다. 사이드카가 발동되면 상승 시에는 매수 프로그램 매매의 호가, 하락 시에는 매도 프로그램 매매의 호가가 5분 동안 정지된다.

주식 거래에도 필연적으로 과세 문제와 거래 비용이 발생한다. 기본적으로 주식 투자 수익률은 크게 배당금과 주가 변동에 의해 결정된다. 먼저 개인투자자의 경우 보유한 주식으로부터 배당금을 받게 되면 금융소득으로 간주하여 소득세가 과세된다. 일반적으로 개인의 모든 소득은 합산하여 과세하는 종합소득세가 원칙이다. 그러나 이자나 배당과 같은 금융소득은 연간 총액이 2,000만원 이상인 경우에만 종합과세하고 2,000만원 이하인 경우에는 분리과세되어 기존 소득에 상관없이 일률적으로 14%의 소득세와 1.4%의 지방소득세를 합한 15.4%의 세금이 원천징수 된다. 반면 주식의 매매에 의해 발생하는 자본이득에 대해 소액 개인투자자에게는 과세를 하고 있지 않다.

한편, 주식 거래를 할 때는 매도가격에 대해 0.3%의 세금을 부과하고 있다. 그리고 매매를 하게 되면 중개기관인 증권회사에 거래수수료를 지급해야 하는데 증권사별로 온라인 거래 여부, 거래금액 규모 등에 따라 매입 및 매도 시 거래 대금의 0.001%에서 0.5%까지 부담하게 된다.

암호화폐의 경제학

💰 공매도 제도

공매도short stock selling, 空賣渡란 주식이나 채권을 가지고 있지 않은 상태에서 매도 주문을 내는 것을 말한다. 없는 주식이나 채권을 판 후 결제일이 돌아오는 3일 안에 주식이나 채권을 구해 매입자에게 돌려주면 된다. 약세장이 예상되는 경우 시세 차익을 노리는 투자자가 활용하는 방식이다.

예를 들어 A종목을 갖고 있지 않은 투자자가 이 종목의 주가 하락을 예상하고 매도 주문을 냈을 경우, A종목의 주가가 현재 2만원이라면 일단 2만원에 매도한다. 3일 후 결제일 주가가 16,000원으로 떨어졌다면 투자자는 16,000원에 주식을 사서 결제해 주고 주당 4,000원의 시세 차익을 얻게 된다. 예상대로 주가가 하락하게 되면 많은 시세 차익을 낼 수 있지만, 예상과 달리 주가가 상승하게 되면 공매도한 투자자는 손해를 보게 된다. 또 주식을 확보하지 못해 결제일에 주식을 입고하지 못하면 결제불이행 사태가 발생할 수도 있다.

공매도에 대해선 의견이 엇갈린다. 공매도 옹호론자들은 공매도가 주가에 거품이 끼는 것을 막고 시장정보가 주가에 바로 반영되도록 하는 장점이 있다고 말한다. 공매도가 있다고 무조건 주가가 하락하는 것은 아니라는 주장도 있다. 세계 대부분 국가가 공매도를 허용하는 이유나. 하지만 공매도는 투기적 성격 때문에 시세 조정과 주가 교란, 채무불이행을 유발할 수 있어 주가가 폭락할 때마다 논란이 돼왔다. 우리나라는 현재 금융주를 제외한 나머지 종목에 대해서는 공매도가 허용되고 있다.

II

암호화폐의 세계

1. 암호화폐의 개념과 전자화폐와의 차이

근대 자본주의 성립 이후 국가는 중앙은행에 의한 화폐의 독점 발행과 관리를 통해 시장의 균형을 유지해왔다. 적절한 통화정책을 통해 금리를 조절하고 때로는 외환시장에 개입하면서 시장이 정상적으로 작동될 수 있도록 강력한 중재자 역할을 해왔다.

세계화가 진전됨에 따라 경제활동은 이제 국경을 넘어 전 세계적으로 이루어지고 글로벌 기업들도 계속 등장하고 있다. 그런데 이런 국제간의 경제활동을 뒷받침하는 화폐는 여전히 자국의 법정화폐와 중앙은행이 용인하는 거래 상대국의 법정화폐뿐이다. 단지 미국의 달러화가 기축통화로써 국제통화 역할을 할 따름이다.

🌐 가상화폐와 전자화폐, 암호화폐의 비교

'가상화폐virtual currency'는 이런 근대적 개념의 화폐시스템을 부정하고 새로 등장한 화폐다. 가상화폐의 가장 중요한 특성은 발행 주체가 없다는 점이다. 법정화폐는 특정국가의 발권력에 의거 발행되며 최종적으로 그 국가에서 책임지고 보증한다. 그러나 가상화폐는 이런 발행주체가 없다. 따라서 책임질 기관도 없고 관리하는 주체도 없다. 유일한 주체는 거래하는 당사자들이다. 이 거래 당사자들이 많아지면 화폐로서 인정받을 수 있지만 그렇지 못하면 조용히 사라질 수도 있다. 또 발행 주체가 없다는 이야기는 누구라도 만들어 유통시킬 수 있다는 말이기도 하다.

가상화폐는 전자적으로 유통되고 있기 때문에 때로는 전자화폐와 혼동되기도 한다. 그러나 가상화폐는 전자화폐와 본질적으로 다르다. 전자화폐electronic currency는 국가에서 발행하고 관리하는 법정화폐의 하나이지만 가상화폐는 특정한 국가가 발행하는 법정화폐가 아니다. 또 전자화폐와 비교 시 가상화폐 사용의 장점은 익명성과 낮은 수수료이다. 전자화폐는 은행 간 이체에 사용되는 법정화폐를 전자 형식으로 결제하는 화폐이며, 일반적으로 높은 은행 수수료와 추적 가능성을 수반한다. 그러나 가상화폐는 은행 등 중개기관을 거치지 않기에 수수료 부담이 없다. 또한 거래에 신원증명을 필요로 하지 않기 때문에 익명성이 보장된다.

'암호화폐crypto currency'는 보안을 위해 암호를 사용하여 새로운 코인을 생성하고 거래 내역을 검증하는 가상화폐의 한 종류이다. 그러나 엄밀히 말하면 암호화폐는 가상화폐와도 다른 개념이다. 최근의 암호화폐들은 모두 암호화와 블록체인 기술을 기반으로 하고 있다. 가상화폐라는 개념은 보다 광범위하여 암호화폐도 가상화폐의 일종이라고 볼 수있다. 가상화폐란 지폐나 동전과 같은 실물이 없이 네트워크로 연결된공간에서 전자적 형태로 사용되는 디지털 화폐를 통칭하는 것이기 때문이다. 게임상 사이버머니나 사이버뱅크 거래 또한 가상화폐로 취급하기도 한다.

가상화폐 중 암호화되어 화폐의 생산 주체라는 개념 자체가 없어진것들을 암호화폐라고 부른다. 이에는 2009년에 개발된 비트코인Bitcoin을 선두로, 최근 성장세가 무서운 이더리움Ethereum, 리플Ripple, 라이트코인Litecoin 등 1,400여 종류 이상 존재한다. 암호화폐 투자자들 사이에서는 이들을 그냥 코인으로 부르는 경우가 많다.

암호화폐는 해외에서도 초기에는 실물화폐와는 달리 실체가 없다고해서 가상화폐, 전자화폐, 디지털 화폐digital currency 등으로도 불렸지만,최근에는 모두 암호화폐crypto currency로 용어를 통일하고 있다. 다만,암호화폐라는 개념이 대중에 생소하기 때문에 통상 암호화폐를 가상화폐, 가상통화라고 부르기도 한다. 우리 정부도 이를 가상통화로 칭하고있다.

현금, 전자화폐, 디지털화폐 비교

구분	현금	전자화폐	비트코인 등 디지털 화폐
발행기간	중앙은행	금융기관, 전자금융업자	없음
발행규모	중앙은행 재량	법정통화와 1:1 교환	알고리즘 통한 사전 결정
거래기록 및 승인	불필요	발행기관과 청산소	블록체인 기술 이용 P2P네트워크
화폐단위	법정통화	법정통화와 동일	독자적 단위
법정통화 교환 여부	–	발행기간이 보장	거래소에서 가능하나 보장되지 않음
법정통화 교환가격	–	고정	수요 및 공급에 따라 변동
사용처	모든 거래	가맹점	참가자

자료: 한국은행

암호화폐의 개념과 종류

암호화폐라는 개념 자체는 1983년으로 거슬러 올라간다. UC 버클리 암호학자 데이비드 차움David Chaum은 화폐를 암호화하는 공식을 개발했다. 이 개념을 실제로 활용하기 위해 'DigiCash'라는 기업을 설립했지만 영업이 부진하여 1999년 문을 닫았다. 1998년 Nick Szabo 라는 컴퓨터 공학자는 비트코인의 블록 암호화 및 검증 구조의 근간이 되는 'Bit Gold'를 만들었다.

실질적인 첫 번째 암호화폐는 2009년 사토시 나카모토Satoshi Nakamoto 라는 필명을 사용하는 사람에 의해 개발된 '비트코인'이다. 비트코인은 오픈 소스로 모든 프로그램 코드가 공개되어 있다. '오픈 소스open source'는 소프트웨어 혹은 하드웨어 제작자의 권리를 지키면서 원시 코드를 누구나 열람할 수 있도록 한 소프트웨어를 말한다. 이 때문에 단순히 이름만 바꾼 아류 화폐부터 비트코인이 가지고 있는 근본적인 문제점을 해결한 화폐에 이르기까지 수많은 암호화폐를 만들어내는데 기여하였다.

이처럼 편리성과 익명성, 투자 가치 등을 지니고 있는 암호화폐는 여태껏 존재하는 다른 어떤 가상화폐나 대안화폐보다 훨씬 우월한 효용과 지위를 지니고 있다. 이에 따라 암호화폐는 폭발적으로 성장하게 되었고, 전 세계의 수많은 다양한 채널들을 통해 사용되기 시작했다. 비트코인이 탄생한 이후 지금까지 총 1,400 여개의 암호화폐가 거래되고 있다. 2017년 초, 617개였던 점을 감안하면 한 해 동안 등장한 것만도 700개가 넘는다.

비트코인을 제외한 나머지 암호화폐를 통상 '알트코인Alternative Coin' 이라고 부른다. 비트코인에서 분할되어 나온 비트코인 캐시BCH와 비트코인 골드BTG 또한 알트코인의 한 종류이다. 알트코인이 암호화폐 시장에서 차지하는 비중은 갈수록 커지고 있다. 비트코인의 가상통화 시장 점유율은 초기 90% 이상에서 지금은 40% 이하로 떨어진 상태이다. 그만큼 알트코인이 활성화되고 있다.

🪙 암호화폐의 기능과 한계

이처럼 암호화폐에 대한 수요가 빠른 속도로 늘어나고는 있지만 사용에는 여러 가지 불편이 따르고 있다. 얼마 안 되는 결제업소, 거래소마다 다른 환율, 긴 결제시간 등이 문제점으로 지적되고 있다. 여기에 널리 쓰이지 않다보니 거래 수수료가 높으며, 화폐의 가치 변동이 심하다보니 더 널리기 쓰이기 힘들다는 악순환이 존재한다.

심지어 암호화폐는 화폐의 기능을 하지 못한다는 주장도 있다. 화폐는 상품이나 서비스 교환의 매개 기능을 하거나 가치를 저장하는 등의 기본적인 기능을 지녀야 하는데 암호화폐가 이런 기능을 제대로 못하고 있다는 것이다. 이는 아직은 암호화폐가 거래에 상대적으로 높은 수수료가 부과되고 시간 소요도 많이 되고 있어 상품이나 서비스의 매개 수단이란 점에서 열악하다는 것이다. 또 가격의 급격한 변동성을 감안할 때 가치저장의 수단으로서도 불안정하다는 것이다. 따라서 암호화폐 시장이 법정통화를 대체할 정도로 커질수 있을지에 대한 의문이 제기되고 있는 것이 사실이다. 더욱이 자금 세탁과 검은 돈으로 쓰이는 일이 많아지는 등 여러 가지 부작용도 초래하고 있기도 하다.

그러나 암호화폐는 앞으로 가져올 시장 혁신이나 또한 탈脫중앙화된 자율조직, 블록체인과 같은 혁신적인 기술 등 여러 면에서 주목받고 있다. 더욱이 이제는 암호화폐가 지급 수단이나 투자 수단을 넘어 다양한 온라인 계약에도 본격적으로 활용되기 시작했다. 암호화폐 이더리움과 퀀텀Qtum이 지닌 블록체인 프로젝트는 이를 뒷받침하는 대표적인 사례다.

어떤 계약을 이행할 경우 일정한 암호화폐를 지불하는 '스마트 계약Smart Contracts' 기능과 이를 구현하기 위한 블록체인 활용 프로젝트가 실현 단계까지 온 것이다. 즉 스마트 계약을 통해 새로운 가치를 만들고 이에 대한 수익을 분배하는 생태계가 만들어지는 중이다. 계약 대상 분야는 외환 송금, 부동산 계약, 중고차 매매 등 다양하다. 최근에는 특히 엔터테인먼트와 마케팅 분야에서 더욱 빠르게 활성화되고 있다.

다양한 암호화폐의 로고

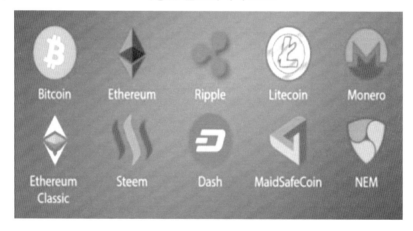

2. 암호화폐의 특성과 장단점

🪙 암호화 방식 채택과 발행량 제한

암호화폐의 종류는 1,400 여개나 된다. 비트코인이 출시된 이후 이를 기반으로 한 다수의 암호화폐들이 우후죽순처럼 쏟아져 나오고 있다. 이들은 일부 예외는 있지만 공통성도 있는데, 일반적 특성은 다음과 같다.

무엇보다도 암호화 방식을 취하고 있다는 점이다. 암호란 비밀을 유지하기 위하여 당사자끼리만 알 수 있도록 꾸민 기호를 말한다. 그리고 암호화란 메시지의 내용을 제3자가 추론할 수 없도록 특정 알고리즘을 통해 변형시키는 것을 뜻한다. 예를 들어 비트코인은 SHA-256 방식의 알고리즘을 채택하고 있다. 암호화폐의 취득은 이 암호를 해독하면서 이루어지는데 이에는 고난도의 기술이 필요하다. 한마디로 어려운 수학 문제를 컴퓨터로 풀어가는 과정이다. 이를 전문용어로 '해싱hashing'이라고 한다.

그런데 초기의 암호기술은 알고리즘 자체의 비밀성에 강하게 의존하고 있었기에 알고리즘이 해독되면 비밀을 지킬 수 없었다. 그래서 최근에는 알고리즘과 암호 키encryption key를 병용하는 기술이 쓰이고 있다. 이 방식에서는 특정 문자열로 구성되는 키에 의해 알고리즘의 성질이 변화하므로 키를 바꾸면 암호화된 데이터의 모양은 완전히 다른 것이된다.

둘째, 중앙은행이 무제한 찍어낼 수 있는 법정화폐와 달리 발행량이 제한되어 있다는 점이다. 미국이 '양적 완화'로 달러를 계속 풀면서 기존 화폐에 대한 불신이 암호화폐 인기의 한 배경이 되고 있다. 가령 2009년 부터 나오기 시작한 비트코인의 경우 총 발행량이 2,100만개로 제한되어 있다. 2017년 말 기준으로 대략 1,670만 비트코인이 발행되었다.

또 상장 시가총액 10위권에 들고 있는 리플의 경우 1천억개, 네오NEO 는 1억개 등으로 발행량이 제한되어 있다. 물론 이더리움의 경우처럼 총 공급 물량의 제한이 없는 것들도 있다. 그러나 이더리움도 관할재단에 서 년간 공급 물량을 관리하고 있으며 조만간 채굴 방식까지 변경할 계획을 가지고 있기에 공급 물량은 더욱 제한될 것으로 예상된다.

탈(脫)중앙화와 P2P분산 네트워크

셋째, 특정한 발행 또는 관리 주체 없이 운영되고 있다는 점이다. 우리가 흔히 접하는 카카오톡의 '초코'나 한때 유행했던 싸이월드의 '도토리' 같은 가상화폐는 이를 발행하고 운영하는 회사가 존재한다. 하지만 암호화폐는 통화를 발행하고 관리하는 중앙장치가 존재하지 않으며 참여하는 사용자들이 주체적으로 화폐를 발행하고 이체내역을 관리하게 된다. 따라서 책임질 기관도 없고 관리하는 주체도 없다. 유일한 주체는 거래하는 당사자들이다. 거래 당사자들이 많아지면 화폐로서 인정받을 수 있지만 그렇지 못하면 조용히 사라질 수도 있다. 또 발행주체가 없다는 이야기는 누구라도 만들어 유통시킬 수 있다는 말이기도 하다.

이는 암호화폐가 제3자나 금융조직의 개입이 전혀 없는 개인 상호간 P2Ppeer-to-peer 네트워크의 분산처리 방식을 취하고 있기에 가능하다. 법정화폐나 기존의 가상화폐는 금융조직이나 발행기관의 개입에 의해 이중사용 방지라든지, 조작 방지, 가치 조절 등의 조치가 취해지고 있다. 그러나 암호화폐는 이러한 개입이나 조작이 존재하지 않고 개인과 개인이 직접 거래하는 시스템을 취하고 있기에 가치도 순전히 거래자의 의사에 의해 결정된다.

다시 말해 비트코인과 같은 암호화폐는 P2P를 기반으로 거래가 이루어지며 거래 시 이중지불을 막고 거래내역을 저장하는 '블록체인block chain' 기술을 사용한다. 이더리움의 경우 컴퓨터나 스마트폰에서 쓰는 응용 블록체인 기술, '탈중앙화 애플리케이션decentralized application, DAPP' 도 활용하고 있다. 물론 예외도 있다. 리플, 카르나노, 스델라 등은 일반 법정화폐처럼 중앙 운영주체가 시스템을 관리하고 있다. 또 아이오타 IOTA는 블록체인이 아닌 'Tangle'이란 시스템으로 운영되고 있다.

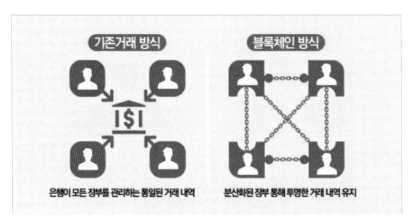

자료: SW중심사회

넷째, 암호화폐는 국가마다 다른 화폐를 사용하는 기존 화폐 시스템과는 달리 글로벌 화폐의 성격을 지닌다. 또 제3자나 금융조직의 개입이 없기 때문에 거래가 간편하다는 장점이 있다. 예를 들어 비트코인 블록은 내 PC에 보관하는 것이 아니기 때문에 전 세계 어디에서든지 컴퓨터에 연결해 인터넷 공간에 저장된 정보인 비트코인을 거래할 수 있다.

이처럼 글로벌 화폐이면서도 각국 정부나 중앙기관의 통제를 받지 않고 거래가 이루어진다는 점에서 인터넷기업은 환영하고 있지만 각국 정부와 중앙은행은 우려를 표하고 있다. 특히 각종 거래에 대해 세금을 매길 수 없다는 점은 각국 정부 개입의 정당성을 키워주는 역할을 하고 있다. 아울러 글로벌 화폐라는 점에서 기존의 달러를 대체해 새로운 기축통화로 부상할 가능성도 열려 있다.

익명성과 공개성

다섯째, 익명성이 보장된다는 점도 암호화폐의 주요한 특성 중의 하나이다. 암호화폐를 얻으려면 우선 전자지갑wallet을 인터넷상에서 개설해야 하는데, 개설 과정에 거래자의 개인 정보를 제시하지 않는다. 또한 암호화폐를 주고받는 거래는 단지 거래자가 생성한 주소address를 통해 이루어지기 때문에 예금주에 대한 익명성이 보장된다. 즉 암호화폐는 개념적으로 주소 대 주소로 거래가 일어나는 것이지 개인 대 개인으로 거래가 발생하는 것은 아니다. 또 주소를 알게 되더라도 실제로 암호화폐에 접근하기 위해서는 비공개키private key 즉 비밀번호가 있어야 한다.

따라서 비밀번호를 알기 전에는 개인의 신상정보가 외부로 유출되지 않는 셈이다. 또 다수의 지갑을 만들어 사용할 수가 있기 때문에 거래 시마다 다른 지갑의 주소를 활용하면 익명성은 한층 더 보장된다. 다만 주소의 생성자를 파악하면 거래자를 찾을 수 있기에 완전한 익명성이 보장되는 것은 아니다. 더욱이 앞으로 암호화폐를 제도권으로 흡수시키는 순간 익명성이 무너질 수도 있다. 그런데 최근에는 익명성을 한층 더 강조한 암호화폐들이 출시되고 있다. 대시Dash, 모네로Monero, 제트캐시Zcash 등이 바로 이런 부류이다.

그러나 익명성으로 인해 불법거래에 악용될 가능성이 있고 실제로 이런 현상이 일어나고 있다는 점은 문제이다. 만약 암호화폐가 돈 세탁과 마약 구매 등 불법적인 뒷거래의 수단으로 쓰인다 하더라도 현재로선 이를 규제하고 불법거래를 추적할 마땅한 수단이 없다. 최근 잇따른 랜섬웨어ransomware의 해커들도 그 추적이 어려운 암호화폐를 결제수단으로 요구하고 있다.

여섯째, 암호화폐는 채굴 과정부터 거래 내역까지 모든 정보가 노드나 블록체인을 통해 모두에게 공개된다. 그러나 익명적인 정보가 공개되어지므로 누구의 거래인지는 원칙적으로 파악하기 어렵다. 즉 개인정보로 보기에는 어려움이 있어 보인다. 한편 이 공개성은 중복 사용을 막는 역할도 하고 있다. 특히 비트코인은 거래 내역이 공개돼 있을 뿐만 아니라 프로그램 또한 오픈 소스open source의 형태로 공개되어 있기 때문에 누구나 개발에 참여할 수 있다.

암호화폐의 장단점

장점	단점
거래의 투명성/수신 및 발신 계좌, 이체 내역과 기록, 지갑 잔액 등 모두 조회 가능	인식 부재/아직 화폐로서 대중에게 인식되지 않고 있어 생태계 확장에 어려움
익명성/거래의 생성과 이용 시 신원증명 절차가 없어 익명으로 거래 가능	가치 변동성/정부의 뒷받침 없이 사용자들의 신뢰에 의존함에 따라 일시에 존재가 사라질 가능성
전 세계 24시간 이체 가능/P2P 네트워크 활용으로 전 세계 언제 어디서나 이체 가능. 이체 수수료도 낮음	해킹/암호화폐 자체는 해킹이 어렵지만, 이를 이용한 서비스는 익명성으로 해킹의 주 대상이 됨
보안성/블록체인 기술 덕분에 이체 내역의 변조 불가능	관리의 어려움/비밀번호 또는 개인키를 분실하면 복구할 수 없음

3. 암호화폐 투기논란과 투자 유의사항

🪙 과도한 투자 열풍과 '김치 프리미엄'

날이 갈수록 암호화폐에 대한 투자 열풍이 거세지고 있다. 가격이 지나치게 오버슈팅overshooting된 감이 없지 않으며 '묻지마 투기'가 극성을 부리고 있다는 우려까지 나오고 있다. 나날이 가격이 치솟고 거래량 또한 급등하고 있다.

암호화폐의 대표격인 비트코인의 경우 글로벌 안전자산인 금 가격을 넘어선지 오래다. 2018년 1월 초 국제 금 가격은 1,320달러 선에서 형성되고 있는데 비해, 비트코인은 1BTC 당 1만~1만 5천 달러 선에서 거래되고 있다. 금 가격의 10배 이상에 달한다.

가격의 상승세도 가파르다. 2011년 초, 1달러에 불과하던 비트코인 가격이 2018년 1월 1만 달러를 상회하고 있으니, 불과 수년 만에 1만 배를 훨씬 넘어 오른 셈이다. 금이나 원유, 광물, 주식 등 어떤 투자상품에서도 찾아볼 수 없는 무시무시한 상승률이다. 다른 암호화폐의 상승세 또한 심상치 않다. 이더리움은 2016년 초까지만 해도 1이더ETH 당 1~3 달러에 불과했으나 2018년 1월 1,000~1,500달러를 오르내리며 거래되고 있다. 비트코인 캐시는 2017년 8월 첫 상장 시 200~400달러였으나 2018년 1월 1,500~3,000달러 선에서 거래되고 있다. 탄생 수개월 만에 10배 가량 뛰었다.

국내 거래소에서의 비트코인 가격은 2017년 초, 100만원 수준에 불과했으나 12월에는 2천만원 가까이 치솟았다. 또 비트코인의 경쟁상품인 이더리움은 연초 1만원 초반에서 연말에는 100만원을 넘어섰고, 또다시 2018년 1월에는 200만원을 향해 상승곡선을 이어가고 있다. 또한 5월초까지 만해도 개당 50원 정도에 불과하던 리플의 가격도 연말 2,500원 이상에서 형성되었다.

특히 우리나라는 대부분의 암호화폐 가격이 국제 시세에 비해 20~50% 비싼 이른바 '김치 프리미엄'이 형성되어 있다. 과도한 투자 열풍에서 비롯된 것이다. 이 김치 프리미엄은 2017년 12월부터 한층 더 심화되었다. 국제사회에서 조차도 이를 걱정할 정도이다. 블룸버그, 뉴욕타임스 등 주요 외신은 "한국은 일종의 그라운드 제로이다. 한국이 비트코인 열풍을 주도하고 있다."라고 보도하기도 했다. 핵무기가 폭발한 지점을 뜻하는 '그라운드 제로Ground Zero'는 2001년 9·11테러 당시 붕괴된 뉴욕의 세계무역센터WTC가 있던 자리를 일컫는 말이기도 하다.

결국 글로벌 암호화폐 정보업체 코인마켓캡CoinMarketCap은 전체 시세가 왜곡될 우려가 있다며 2018년 1월 8일부터는 데이터 집계 시 빗썸, 코인원, 코빗 등 3대 한국 거래소의 시세는 제외키로 했다. 이로 인해 코인마켓캡이 매일 고시하는 암호화폐의 상장 시가총액이 하루 사이 1천억 달러 이상 증발하는 해프닝이 벌어졌다. 즉 2018.1.7일 오전 사상 최대치인 8,400억 달러 가까이 이르렀던 시가총액이 다음날 갑자기 7,200억 달러 수준으로 빠진 것이다.

국내외 비트코인 가격 비교 (2017. 12~2018. 1)

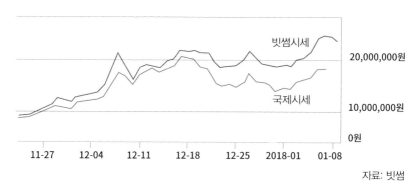

자료: 빗썸

거래량도 크게 늘어나고 있다. 암호화폐 정보사이트인 '코인마켓캡 coinmarketcap'에 따르면 2018.1.7일 기준 전 세계 가상화폐는 총 1,386개였고, 시가총액은 약 8,400억 달러에 달하였다. 상장 시가총액 규모는 2016년 초, 71억 달러에 불과했고 2017년 초에도 177억 달러였으니 불과 2년 만에 100배 이상 커졌다. 특히 2017년 들어 폭발적으로 커진 셈이다.

하루 거래량 또한 약 300억 달러에 달한다. 우리나라의 하루 평균 거래량만 해도 7~10조원에 달하여, 코스닥시장 거래량을 능가한지 오래다. 특히 2017.11.12일 우리나라 최대 암호화폐 거래소 빗썸의 서버가 다운될 당시에는 빗썸 자체만의 하루 거래량이 6조 5천억원에 달하기도 했다.

암호화폐 투자 열풍에 대한 시각

이와 같이 거세게 일어나고 있는 암호화폐 투자 열풍이 앞으로도 지속될 것인지에 대한 시각은 엇갈린다.

우선, 지금과 같은 암호화폐 투자 열풍은 당연한 현상이며 앞으로도 암호화폐의 가치 상승이 지속될 것이라는 주장이 제기되고 있다. 이들의 논거에 의하면 궁극적으로 암호화폐는 공급량이 제한되어 있기 때문에 장기적으로 암호화폐의 가치와 가격 상승은 당연하다는 것이다. 부동산 가격이 아무리 규제를 해도 상승곡선을 이어가고 있는 것과 동일한 원리다.

더욱이 여러 국가에서 공식적인 결제나 투자수단으로 인정받을 경우, 변동성이 장기적으로 줄어들어 안정적인 투자자산이 될 것이라는 논리를 펴고 있다. 나아가 암호화폐는 종국적으로 미국 달러를 대체해 글로벌 화폐의 지위를 차지할 것이란 전망까지 내놓고 있다. 한마디로 암호화폐를 제4차 산업혁명시대의 '골드러시'라고 간주하고 있는 것이다.

여기에 암호화폐가 기반으로 하고 있는 블록체인 기술은 앞으로 더욱 보완 · 발전될 것이며, 또 다양한 분야에서 활용됨으로써 세상을 바꾸어 놓을 것으로 내다보고 있다. 이에 따라 블록체인 기술을 제2의 인터넷 또는 제4차 산업혁명시대의 꽃으로 부르기도 한다.

그러나 다른 한편으로는 지금과 같은 투자 열풍은 지나친 것으로 언젠가 거품이 터질 투기 현상에 가깝다는 주장도 힘을 받고 있다. 단기적으로 보면 암호화폐 거래가 늘어나는 부분이 있기 때문에 가격이 상승할 수는 있지만 그렇다 하더라도 최근의 가격 급등락은 투기세력이 작용했다고 봐야한다는 것이다. 이 때문에 네덜란드에서 1630년대에 불었던 '튤립 투기'의 폐해가 가상화폐 시장에서 재현될 수 있다는 경고를 내놓고 있다. 당시 투자금액이 대거 몰리면서 튤립 가격이 1개월 동안 50배나 뛰었지만 결국 폭락해 수많은 사람들이 피해를 입었다.

특히 2017년 12월에는 가격 급등락이 반복되는 롤러코스터 현상이 이어지면서 이런 우려는 한층 더 증폭되었다. 12월에 들어서면서 대부분의 암호화폐 가격은 일제히 거침없는 상승곡선을 이어갔다. 비트코인의 경우 조만간 1비트 당 2만 달러도 돌파할 것 같았다. 그러나 중순 이후 여러 악재가 동시에 나오면서 암호화폐 가격은 조정을 거치는 가운데 전반적인 하락세를 보였다.

그 도화선은 거래량 면에서 세계 2~3위인 미국과 우리나라 정부의 잇따른 암호화폐 규제 강화 움직임이었다. 우리나라는 12월 두 차례에 걸쳐 가상통화 거래에 대한 규제 대책을 마련·발표하였다. 이에는 두기로 치닫는 투자 열기를 진정시키고 투자자 보호를 강화한다는 내용이 담겨있다. 거래실명제를 도입하고 불건전 거래소는 퇴출키로 했다.

며칠 후 12월 19일에는 미국 증권거래위원회SEC가 암호화폐 관련 주식의 거래를 중단하는 조치를 취했다. 한 상장회사가 이름을 암호화폐를 뜻하는 '크립토 컴퍼니Crypto Company'로 바꾸자, 주가가 갑자기 2,700%까지 상승했다. 이에 SEC는 특별한 재료 없이 단순한 회사 이름 변경만으로 주가가 이상 급등했다며 거래를 2주간 중지시켰다.

시가총액 5위권에 랭크된 암호화폐 라이트코인Litecoin을 개발한 찰리 리Cathrlie Lee가 자신이 보유하고 있던 라이트코인을 전량 매각한 사실은 기름을 부었다. 본인은 매각 사유를 투자자들과의 이해 상충 방지를 위한 것으로 설명했으나 시장에서는 암호화폐들의 가격이 전반적으로 꼭지점에 도달한 것이 아니냐는 우려를 자아냈다.

여기에 암호화폐 거래소들의 잇단 사고도 한몫을 했다. 우리나라의 유빗은 12월 19일 해킹으로 고객 자산 17%가 탈취되면서 파산 신청을 발표했다. 21일에는 미국의 가장 큰 암호화폐 거래소인 코인베이스와 계열사 지닥스가 며칠 전 상장한 비트코인 캐시의 가격이 이상 급등하자 거래를 일시 중지시켰다. 아울러 직원들의 가격 조작 혐의를 발견하고 이들을 조사하고 있다고 밝혔다.

한편, 이러한 글로벌 암호화폐 시장의 하락조정세는 2018.1월중순들어 한층더 심화되고 있다. 발단은 우리나라와 중국의 규제강화이다. 우리나라는 정부 당국자들이 잇따라 거래소 폐쇄 가능성을 언급하자 투자자들은 커다란 불안감을 보이고 있다. 또 중국은 장내거래소 폐쇄에이어 장외거래도 금지하고, 비트코인 채굴금지령까지 발효하는 등 규제강화 방침을 발표하였다. 이에따라 대부분의 암호화폐 가격이 반토막에 이를정도로 폭락하였다.

🪙 암호화폐 투자 유의사항

이런 상황에서 암호화폐에 대한 투자 주의가 촉구되는 것은 당연하다. 암호화폐에 대한 이해와 지식 없이 특정인의 말만 듣고 투자를 한다거나 어떤 코인이 유망하다더라는 소문만 듣고 투자를 한다는 것은 '묻지마 투자'에 해당한다고 할 것이다. 게다가 비트코인이나 이더리움 등을 제외한 다른 암호화폐의 경우 아직 시장 규모가 크지 않기 때문에 자산이 많은 개인이나 기업들이 쉽게 시세를 움직일 수도 있다.

단지 특정 코인이 유망하다는 얘기를 듣거나 시세가 오르는 것만을 보고 투자한다면 작전주에 의해 큰 손해를 보는 주식 개미들의 신세가 될 우려가 크다. 특히 현재로서는 암호화폐와 관련해 피해를 입어도 법적으로 보호받을 길이 없기 때문에 더욱 주의가 요망된다.

암호화폐 투자 시 유의해야 할 일반적인 사항을 소개하면 다음과 같다.

첫째, 암호화폐는 법정화폐가 아니다. 따라서 정부 보증이 없기 때문에 시장 상황에 따라 가치 인정을 못 받을 수 있다. 또 암호화폐 취급업자 등에 맡긴 암호화폐 계정잔액은 예금자 보호대상에도 포함되지 않는다.

둘째, 암호화폐는 가치 급락으로 인한 손실이 발생할 수 있다.

암호화폐는 사용 가치가 있는 실물자산이나 장래에 발생하는 수익 흐름이 있는 금융상품과 달라서 거래 상황에 따라 가격이 크게 변동할 수 있다. 또한 주식처럼 하루 낙폭 제한이 없어 순식간에 반 토막이 날 수도 있다. 다만, 최근에는 이러한 부작용을 방지하기 위해 하루 낙폭의 최대한도를 규제해야한다는 목소리가 나오고 있다.

2017년 말 암호화폐의 가치를 2017년 초와 비교하면 비트코인은 약 20배, 이더리움은 100배가 올랐다. 그러나 이 과정에서 단기적인 가격 변동성이 너무나 크다. 비트코인의 경우 2017년 들어서만도 5~6 차례 20% 이상 가격이 급락했다가 다시 급등하는 모습을 보였다. 11월 말과 12월 초에도 비트코인 가격이 사상 최고치를 기록했다가 갑자기 몇 시간 만에 20% 가량 폭락하는 큰 변동성을 나타냈다. 특히 12월 8일 국내 비트코인 가격은 2,499만원으로 최고치를 보이다가 정부의 투자 과열 방지 대책이 발표되면서 이틀 후인 10일에는 40% 이상 급락해 1,391만 원으로 밀리기도 했다.

암호화폐의 가치는 어떤 사건이나 이벤트가 시장에 영향을 미칠 때 주식이나 원자재보다 훨씬 심하게 출렁인다. 이는 다음 몇 가지 요인에 기인한다. 암호화폐는 투자자들의 암묵적인 합의로만 가격이 결정될 뿐 법정화폐처럼 신용을 보장하는 발행기관이 따로 없다는 점이다. 그리고 주식과는 달리 참고할 기준이 많지 않으며 또 원자재처럼 실제 쓰임새가 있지도 않아 객관적인 가치평가가 불가능하다. 여기에 주식시장과 달리 하루 가격 변동의 제한 폭이 없고, 가격이 급등락할 때 일시적으로 거래 정지를 하는 등의 안전 장치도 없기 때문이다.

셋째, 높은 수익률을 보장한다는 다단계 유사코인은 사기일 수 있다.

거래에 널리 이용되고 있는 블록체인 기술에 기반한 암호화폐는 해당 구조와 작동 원리에 대한 모든 정보를 포함하고 있는 소스코드를 제3자에게 공개한다. 그러나 다단계 유사코인의 경우 소스코드를 제3자에게 투명하게 공개하지 않으며, 사적 주체가 유사코인을 발행 및 유통하고 이용자에게 높은 수익률을 약속하는 경우가 대부분이다. 특히 거래량이 지나치게 적은 암호화폐는 투자를 피하는 것이 좋다. 거래량이 지나치게 적은 암호화폐는 일명 '잡코인'으로 분류돼 거래소에서 퇴출될 수도 있기 때문이다.

넷째, 언제든지 해킹을 당할 수 있는 위험이 있다.

흔히들 암호화폐는 분산원장 기술을 기반으로 하여 보안성이 높고 해킹이 어렵다고 생각하고 있지만 암호화폐 보관지갑이 위·변조되거나 유실될 경우 이용자의 소중한 자산이 사라질 수 있다. 또 암호화폐 취급업자가 관리하는 암호키가 유실되는 경우 가상통화 또한 잃어버릴 수 있다. 특히 암호화폐 거래소는 랜섬웨어ransomware 등 불법 해커들의 주 공격 대상이 되고 있다.

다섯째, 암호화폐 취급업자의 안정성에 유의해야 한다.

암호화폐에 대한 투자 결정이 단지 인터넷 홍보사이트나 지인의 소개만을 통해 이루어진다면 유령회사나 다단계 같은 사기를 당하거나, 투자한 돈의 원금회복은커녕 커다란 손해를 볼 수도 있다. 대부분의 유령업체나 다단계 회사의 경우 실체가 없는 말로 투자자를 현혹하려 한다. 또한 영업인은 많으나 실제로 일을 하는 시설 및 현장 직원이 거의 없는 경우가 많다.

따라서 투자자는 투자를 결정하기 전에 투자하려는 회사를 직접 찾아가서 확인하고 또 거래하기 전에 해킹 등의 사고 발생시 취급업자가 적절히 책임을 부담할 것임을 약관상 명확하게 규정하고 있는지 여부 등을 꼼꼼히 살펴봐야 한다.

II. 암호화폐의 세계

주요 암호화폐의 상장 현황(시가총액, 시가, 거래량)

▲#	Name	Market Cap	Price	Volume (24h)	
1	Bitcoin	$230,522,094,045	$13,742.30	$11,658,600,000	
2	Ripple	$88,823,048,262	$2.29	$4,268,620,000	
3	Ethereum	$72,122,649,423	$745.88	$2,456,750,000	
4	Bitcoin Cash	$42,142,903,551	$2,495.59	$1,205,320,000	
5	Cardano	$18,172,180,032	$0.700896	$229,863,000	
6	Litecoin	$12,226,104,991	$224.08	$749,952,000	
7	IOTA	$9,862,023,602	$3.55	$146,287,000	2
8	NEM	$9,586,259,999	$1.07	$74,268,700	
9	Dash	$7,982,540,331	$1,025.09	$149,185,000	
10	Stellar	$6,972,497,493	$0.390420	$227,079,000	
11	Monero	$5,300,999,937	$340.97	$92,373,800	
12	EOS	$4,906,957,558	$8.53	$286,865,000	
13	NEO	$4,810,266,500	$74.00	$153,765,000	
14	Qtum	$4,486,613,892	$60.82	$636,027,000	
15	Bitcoin Gold	$4,310,699,661	$257.53	$76,074,200	

자료: 코인마켓캡(Coinmarketcap), 2018. 1. 1 기준

4. 암호화폐의 버블과 금융위기

🪙 금융위기 속에서 탄생한 암호화폐

암호화폐는 실물화폐에 대한 불안에서 출발하였다. 암호화폐의 원조인 비트코인의 탄생 배경은 2008년 글로벌 금융위기를 겪으면서 정부나거대한 은행도 무너질 수 있다는 불안감에서 비롯되었다. 당시 견고하다고 믿었던 미국 연방준비이사회Fed. FRB가 지급보증을 할 수 없을지도모른다는 불안감이 세계 금융시장을 공포 분위기로 만들었다. 이에 미국 정부는 전대미문의 금융위기를 막기 위해 달러를 마구 찍어냈다.

이런 불안감에서 태어난 비트코인은 달러처럼 필요하면 마구 찍어내는 화폐가 아닌 총 발행량이 이미 정해진 화폐이다. 따라서 인플레이션에 대한 우려가 없다. 이것이 바로 단기간에 비트코인에 대한 관심과 수요가 폭발적으로 늘어나게 된 근본원인이다. 이후에도 2013년 키프로스Cyprus 사태와 2016~2017년 브렉시트Brexit, 2017년 짐바브웨 쿠데타 등과 같이 글로벌 금융시장의 불확실성이 확대될 때마다 비트코인 가격은 크게 올랐다.

이와 함께 경제가 불안하거나 자본 통제가 심한 나라들에서도 암호화폐 선호도가 높은 편이다. 가령 베네수엘라, 짐바브웨, 볼리비아 등은 자국의 법정통화가 높은 인플레로 인해 휴지조각이 되자 가치저장 수단과 안전자산으로서 암호화폐에 대한 수요가 크게 늘어나고 있다. 중국에서도 위안화 가치가 불안하다고 느끼는 투자자들이 비트코인을 대안 투자처로 인식함에 따라 비트코인에 대한 수요가 급증하고 가격 또한 급등하였다.

암호화폐 시장으로의 자금 이탈

이처럼 암호화폐는 금융위기로 인한 불안감에서 탄생하였다. 또 거래가 활성화되고 가치 상승이 이루어진 것도 금융위기 가운데서 이루어졌다. 그러나 이제 거꾸로 암호화폐로 인해 새로운 금융위기가 초래 될지도 모른다는 우려가 나오고 있다. 이에 대한 몇 가지 논거를 알아보자.

첫째, 갈수록 뜨거워지고 있는 암호화폐 시장으로 자금이 대거 유입됨에 따라 제도권 금융시장이 겪게 될지도 모를 유동성 부족 문제이다. 암호화폐 시장 규모의 신장세는 가히 폭발적이다. 상장 시가총액 규모가 2016년 초, 71억 달러에 불과했으나, 2018년 1월에는 사상 최대치인 8,400억 달러로 2년 동안 100배 이상 급속히 성장하였다. 8,400억 달러의 시가총액 규모는 세계 2대 기업에 속하는 기록이다. 참고로 글로벌 시가총액 1위 기업은 애플로 약 9천억 달러이며, 국내 최대 기업 삼성전자는 약 3천억 달러이다. 더욱이 암호화폐 시장 성장세는 앞으로 더 심화될 것으로 예상된다. 자연히 제도권 금융시장은 자금 유출을 겪게 됨에 따라 상대적으로 위축될 수밖에 없을 것이다.

실제로 우리나라의 경우 날이 갈수록 코스닥시장에서 암호화폐 시장으로의 자금 유출이 심화되고 있다. 이런 현상은 주로 소액투자자 중심으로 이루어지고 있다. 이들은 코스닥시장보다는 암호화폐 시장에서 더 많은 차액 실현이 가능하다고 여기고 옮겨가고 있다. 이에 따라 2017.12월 중 하루 평균 거래량 규모가 코스닥시장의 경우 3~5조원에 그치고 있는데 비해 암호화폐 시장은 7~10조원에 이르고 있다.

예상되는 미국 기준금리의 추가 인상도 금융시장 불안감을 증대시키고 있다. 2017년부터 시작된 미국 연방준비이사회Fed의 통화긴축 기조는 2019년까지 3년간 매년 3번씩 기준금리를 인상하기로 예정되어 있다. 2017.12월에도 0.25%p 추가로 인상하여 이제 기준금리는 1.25~1.50%이다. 그리고 2019년 말에는 3%대에 이르게 될 것이다. 이렇게 된다면 이머징 마켓emerging market에서의 자금 이탈 가속화가 우려 된다. 특히 원유 수입에 재정과 경제운용을 의존해오던 산유국들은 유동성 부족 문제를 겪을 가능성이 너 커지게 될 것이다.

암호화폐 시장의 거품 붕괴

둘째, 암호화폐 시장 자체의 버블이 터질 가능성이다. 일부 전문가들은 지금도 비트코인을 비롯한 암호화폐들의 가격이 지나치게 상승해 있기 때문에 거품이 언제 터질지 모른다는 우려를 하고 있다. 이들은 특히 금융당국이 암호화폐에 대한 규제의 고삐를 과도하게 죌 경우 가격이 폭락하면서 버블이 터질 공산이 더 커질 것으로 보고 있다.

지난 몇 년 동안 암호화폐 업계를 뒤흔드는 큰 사건들이 있어왔고 그때마다 가격은 사안에 따라 고가 대비 50% 이하로 급락하기도 했다. 2017.11월 말과 12월 초에도 불과 몇 시간 만에 비트코인 가격이 20%이상 빠졌다가 또다시 원상 복구되는 롤러코스터 행진이 일어났다. 특히 12월 8일 국내 비트코인 가격은 2,499만원에 달하면서 최고치를 보였다. 그러나 정부의 투자 과열 방지 대책이 발표되면서 이틀 후인 10일에는 40% 이상 급락한 1,391원에 거래되었다.

이와 함께 가격이 한순간 급락하는 플래시 크래시flash crash현상도 그동안 수차례 일어났다. 2017.6.23일, 이더리움 가격이 319달러에서 단 한시간만에 10센트까지 폭락한 것은 대표적인 사례. 이 플래시 크래시 현상과 롤러코스터 현상이 발생하는 근본적인 이유는 공급 물량이 제한되어있기 때문이다. 암호화폐의 가격은 결국 정부 규제나 대규모 물량 보유자의 행태 등 수요 요인에 의해서만 움직이고 그때마다 가격이 출렁이게 되는 것이다.

그런데 제도권 금융시장과는 달리 암호화폐 투자자들에 대해서는 아무런 보호장치가 없다. 가격 변동성이 매우 커지만 이를 규제하는 장치가 없어 하루에도 가격이 2배 이상 급등락하기도 한다. 여기에 암호화폐 거래를 중개하는 일부 플랫폼들과 거래소들의 취약한 재정구조를 감안할 때 위험의 정도는 제도권 시장에 비해 훨씬 더 크다. 만약 순식간에 고객들이 암호화폐를 매도하면 한꺼번에 이 같은 유동성을 마련해야 하는 중개업체들에게는 압박이 될 수 있다. 그만큼 지급 보장 등에 있어 불안정하다는 의미다.

만약 암호화폐 가격 하락세가 이어질 경우 중개업체들은 불가피하게 투자자들에게 마진콜margin call을 하게 된다. 마진콜이란 신용거래나 선물거래를 한 투자자에게 부족한 증거금을 채우라는 요청을 의미하는데, 이에 응하지 못하면 금융시장은 혼란과 위기로 치닫게 되는 것이다. 따라서 만일 암호화폐의 거품이 터지게 될 경우 금융시장에 초래될 혼란의 정도는 상상 이상일 것으로 예상된다.

월가 거물급 인사와 석학들 중에도 경고음을 내는 사람들이 적지 않다. '월가의 황제'로 불리는 제이미 다이먼 JP모건 체이스 회장은 뉴욕 투자자 컨퍼런스에서 "비트코인을 비롯한 암호화폐 열풍은 사기이고 결말은 좋지 않을 것이다. 17세기 네덜란드의 튤립 버블보다도 더 나쁘며, 버블은 언젠가 꺼질 것이나."라고 밀했다. 또 비트고인에 투지히는 직원이 있으면 즉시 해고하겠다고 엄중히 경고하기도 했다. 투자의 귀재 워린 버핏도 "비트코인은 가치를 창출할 수 있는 자산이 아니기 때문에 가치를 평가할 수 없다. 비트코인 가치가 얼마나 오를지 따지기 어려운 상황에서 가격이 상승하고 있다는 점이 진정한 거품이다"라고 지적했다.

노벨 경제학상 수상자인 조지프 스티글리츠Joseph Stiglitz 미국 컬럼비아대학 교수는 "비트코인이 전혀 사회적으로 유용한 기능을 하지 못한다. 따라서 불법화돼야 할 것 같다"고 말했다. 또 다른 노벨 경제학상 수상자인 로버트 실러 예일대 교수는 비트코인은 19세기 금 본위제처럼 일시적 유행에 그칠 것이라고 진단했다.

암호화폐 파생상품과 거품 논란

셋째, 조만간 암호화폐가 제도권 시장으로 편입됨에 따라 초래될 부작용 문제이다. 세계 최대 파생상품 거래소인 시카고상품거래소CME와 시카고옵션거래소CBOE는 2017년 말, 비트코인 선물거래를 개시하였다. 나스닥NASDAQ 시장 또한 2018년 상반기 중에는 비트코인 선물상품을 도입할 예정이다. 여기에 세계 최대의 증권거래소인 뉴욕증권거래소 NYSE도 2018년 상반기 중에는 비트코인 상장지수펀드ETF 상품을 취급할 계획임을 밝혔다. 또 미국에 이어 일본의 도쿄금융거래소도 2018년부터 비트코인 선물 상품을 출시할 것을 검토하고 있다. 이와 함께 이더리움을 기반으로 한 파생상품도 머지않아 탄생할 예정이다.

이처럼 암호화폐 거래가 제도금융권 내로 들어오게 되면 가격 거품 논란에도 불구하고 암호화폐에 대한 투자자들의 관심은 더 높아질 것으로 보인다. 이는 선물거래가 암호화폐의 안전한 거래를 담보해주는 역할을 하며, ETF 상장은 거래량을 폭발적으로 늘리는 계기가 되기 때문이다.

그러나 일각에서는 불안한 예측도 내놓고 있다. 실제 가치를 측정하기 어려운데다 아무런 규제를 받지 않는 암호화폐를 기반으로 한 파생상품이 거래될 경우 새로운 금융위기를 불러올지도 모른다는 우려 섞인 지적이 나오고 있다. 다시 말해 과도한 투기를 조장할 여지가 커지게 된다는 것이다. 이는 그동안 역사적으로 수차례 벌어진 금융위기의 본질이 결국은 인간의 과도한 이기심과 탐욕에서 비롯되었다는 점에서 잘 나타난다.

글로벌 금융위기 직전인 2007년, 미국에서 집값이 오르면서 금융회사들은 돈을 벌기위해 신용이 불량한 상태의 주택담보대출을 묶어 증권화한 서브프라임 모기지Subprime Mortgage 담보증권을 발행했다. 당시 국제 신용평가사들은 이러한 증권들을 안전한 상품인 것처럼 신용등급을 높게 매겼고 결국 이것은 금융위기의 원인이 됐다. 일부 전문가들은 비트코인의 실제 가치를 측정하기 어려운 점을 감안할 때, 최근의 암호시장 열기가 2008년 당시와 유사한 형태의 금융시장 혼란을 초래할지도 모른다는 우려를 표명하고 있다.

더욱이 암호화폐는 자체의 가격 변동성이 너무 크기 때문에 기본상품의 변동성을 헤지hedging하기 위해 만들어진 파생상품 시장의 안정적인 운영에 오히려 해가 된다는 견해도 있다. 다른 파생상품이 거래되는 플랫폼에 비트코인을 허용하면 리스크를 높이며 거래소 자체를 불안정하게 만들 수도 있다는 것이다. 특히 레버리지leverage가 큰 선물시장에서는 가격 하락장세가 이어지면 마진콜이 불가피하게 된다. 이때 마진콜에 응하지 못하면 결국 금융위기로 치닫게 될 것이다.

　이런 우려를 불식시키기 위해서는 암호화폐 시장의 건전한 발전을 유도하기 위한 각 개별 국가 금융당국의 정책적 노력과 함께 국제사회의 공조가 요청된다. 예를 들면 거래소의 하루 가격 등락폭을 일정 수준으로 제한하는 방안도 그 중의 하나일 것이다. 해킹 등 범죄집단에 대한 국제 수사 협조 강화 또한 중요하다. 그러나 감시와 규제 일변도의 정책 추진은 바람직하지 않다. 다른 한편으로는 암호화폐 시장과 산업, 그리고 기술 발전을 장려하는 시책도 병행되어야 할 것이다.

5. 암호화폐의 상장 ICO

ICO란 무엇인가?

비트코인을 중심으로 기존의 암호화폐들의 가치가 큰 폭으로 상승하자 새로운 암호화폐들이 신규 코인공개ICO, Initial Coin Offering를 통해 속속 등장하고 있다. ICO란 기업이 증권시장에서 기업공개IPO, Initial Public Offering, 즉 상장을 통해 투자자로부터 자금을 모으듯 신규 암호화폐 발행을 통해 자금을 모으는 것을 뜻한다.

ICO과정을 보다 구체적으로 알아보자. 암호화폐의 개발회사 즉 발행회사는 새로운 암호화폐를 개발하면 이를 분배하겠다는 약속을 하고 네트워크를 통해 투자자들을 모은다. 투자자들은 암호화폐를 받는 대가로 현금이 아니라 이더리움이나 비트코인 등과 같은 암호화폐를 회사에 보낸다. 투자금을 현금이 아니라 비트코인이나 이더리움 등의 암호화폐로 받기 때문에 국경에 상관없이 전 세계 누구나 투자할 수 있다. 발행회사는 조달한 기존 암호화폐를 거래소에 넘겨 현금화한다. 한편 투자자들은 토큰이 암호화폐 거래소에 상장되면 이를 사고팔아 수익을 낼 수 있다.

그러나 일반기업 공개와 달리 회사의 지분을 판매하거나 주식시장에 상장하는 것이 아니라 발행하는 암호화폐를 네트워크를 통해 투자자들한테 판매한다. 이런 관점에서 ICO는 일종의 크라우드 펀딩crowd funding 방식이라고 할 수 있을 것이다. 다만, 투자 대가로는 회사의 소유권이 아니라 새로 만들어 지는 가상화폐 형태로 받게 된다.

최초의 암호화폐 ICO는 2013년의 마스터코인Mastercoin으로 알려져 있다. 그러나 가장 성공적인 ICO는 이더리움으로 평가받고 있다. 캐나다 출신의 비탈릭 부테린은 2014년 4월 이더리움 재단을 구성하고 크라우드 펀딩 방식의 ICO를 통해 3만 비트코인에 해당하는 개발자금을 모으는데 성공했다.

ICO 열기는 갈수록 뜨거워지고 있다. 건수가 늘어나고 있는 것은 물론이고 건당 자금 유입 규모 또한 커지고 있다. 전 세계 스타트업 기업들이 ICO를 통해 2016년 약 10억 달러의 자금을 조달하였으며, 2017년에는 35억 달러 이상의 자금을 모집한 것으로 조사되었다. 가장 규모가 큰 2건의 ICO를 통해서만도 짧은 시간에 25억 달러를 모금하는 데 성공했다. 둘 다 비트코인과 이더리움을 이용했다. 스위스의 밴코라는 회사는 불과 3시간 만에 1억 5,300만 달러를 모았다. 우리나라 최초의 ICO는 2017. 5월에 출시된 보스코인BOSCoin이다. 보스코인의 성공 이후 다수의 ICO가 진행되다가 2017년 9월부터는 금융당국에 의해 전면 금지되고 있는 실정이다.

정부의 ICO금지 조치

그러면 왜 정부는 이처럼 ICO를 강력히 규제하겠다며 나서고 있을까? 일반 증권시장의 경우 까다로운 IPO 절차를 통해 기업을 공개하고 검증 절차를 거쳐 자금을 모으는 여러 법과 제도가 마련되어 있다. 하지만 ICO는 이러한 개인 투자자를 보호할 장치는 특별히 마련돼 있지 않은 상태다.

또 ICO는 IPO와 달리 어느 누구라도 진행할 수 있으며 또 참여할 수 있다. 즉 아무런 걸림돌이 없다. 다만 그 책임도 고스란히 개인의 몫이다. 관련법도 없고 검토하는 기관도 없으며 통제하는 기관도 없다. 게다가 ICO를 한다고 해서 반드시 거래소에 상장되는 것도 아니다. 당연히 성공을 보장하지도 않는다. 이에 따라 ICO를 사칭한 금융사기가 크게 늘어나고 나아가 투자자가 손실을 보거나 사기를 당하더라도 대처할 방법이 없었다. 이런 인식 아래 각국의 금융당국은 ICO에 대한 규제를 강화하는 추세다.

우리나라 정부는 2017. 9월, 기술·용어 등에 관계없이 모든 형태의 ICO를 금지한다는 방침을 내놓았다. 처음에는 가상통화는 금융상품에 해당하지 않는다는 전제 하에 지분증권·채무증권 등 증권발행 형식으로 가상통화를 이용하여 자금조달을 하는 행위인 '증권형' ICO만 「자본시장법」 위반으로 처벌한다고 했다. 그러나 며칠 후에는 플랫폼에서의 신규 가상통화를 발행하는 방식인 '코인형' ICO도 금지한다고 발표했다.

증권발행 형식의 ICO 금지에서 ICO의 전면 금지로 강화된 것이다.

정부는 이처럼 ICO를 전면 금지하는 이유로 ICO를 앞세워 투자를 유도하는 유사수신 등 사기 위험 증가, 투기 수요 증가로 인한 시장 과열 및 소비자 피해 확대 등 부작용이 우려되기 때문이라고 설명했다. 또 기술력이 있는 정상적인 업체라면 ICO가 아니라 주식 공모나 크라우드 펀딩 같은 투명한 방법을 통해서 얼마든지 자금 모집이 가능할 것이라고 했다. 이에 더해 정부는 소비자가 가상화폐를 취급하는 업자로부터 가상화폐를 사고팔기 위한 자금을 현금이나 가상화폐로 빌리는 '코인 마진 거래'도 금지하기로 했다. 코인 마진 거래를 사실상 신용공여 행위라고 판단한 것이다.

이러한 정부의 ICO금지 조치가 나오자 '한국블록체인산업진흥협회 KBIPA'는 이를 강하게 비판하며, '가상화폐 ICO 규제 대책회의'를 설치했다. 가상화폐 발행 과정에서 발생할 수 있는 불법 행태에 대한 단속에는 공감을 하지만 전면적인 ICO 금지 조치는 온당치 않다는 주장이다. 그리고 무조건적인 ICO 금지는 오히려 블록체인 기술기반 스타트업들의 성장을 막고 글로벌 시장에서 진행되는 ICO에 국내 자금이 쏠리게 되는 역차별이 발생한다는 우려를 내놓았다.

주요국의 ICO규제 상황

다른 나라들도 투자자 보호를 위해 강도와 방향은 조금씩 다르지만 전체적으로 ICO에 대한 규제를 강화하는 추세이다. 다만, ICO를 원천적으로 금지하는 나라는 우리나라와 중국뿐이다. 중국 인민은행은 우리보다 먼저 ICO를 전면 금지하겠다고 밝혔다. 2017. 9월, 인민은행은 ICO의 범람이 기존의 경제·금융 질서를 심각하게 교란하고 있다고 지적했다. 그리고 ICO를 금융 사기 및 다단계 사기와 연관되는 불법 공모행위로 규정하고 ICO의 전면 금지를 발표했다. 연이어 BTC차이나 등 암호화폐 거래소들의 업무를 중단시켰다.

이에 비해 대부분의 나라들은 ICO 전면 금지가 아니라 선별적인 규제를 하고 있다. 호주 증권투자위원회ASIC는 ICO 발행인을 대상으로 한 지침을 발표했다. 그러면서 투자자들에게 암호화폐의 잠재적 위험을 이해하고 사기에 주의할 것을 경고했다. 미국 증권거래위원회SEC는 2017년 7월, 분산원장distributed ledger 및 블록체인 기술에 기반한 증권은 해당 증권 공모 및 판매 시 등록을 해야 한다고 공식화했다. 이는 기존 규제의 틀에서 등록되지 않은 ICO 등 문제되는 행위와 업체만 걸러내 투자자 보호를 하겠다는 의미다. 싱가포르 통화청과 홍콩 금융감독원도 증권발행 형식의 ICO의 경우 증권관련법에 따른 규제 방침을 발표했다. 영국과 말레이시아 금융감독청도 ICO는 매우 위험이 높고 투기적인 투자라고 경고했다.

그러나 이러한 세계적 추세에 반해 적극적으로 권장하는 나라들도 있다. 스위스는 전 세계에서 가장 먼저 ICO 허브로 자리매김했다. 추크Zug 지역을 실리콘밸리에 빗댄 '크립토밸리Crypto Valley, 즉 암호화폐 지역'

으로 지정했다. 이 지역에서 ICO로 토큰을 발행해 자금을 조달한 블록체인 기술기업을 스위스 정부가 보장하고 있다. 스위스는 ICO로 조달한 자금을 보관하는 주요 금고 역할을 하고 있다. 세계적 조세피난처인 스위스는 개인 정보 보호, 낮은 세금, 친시장 환경, 법적 안정성을 내세우고 있다. 이는 최근 예금자 비밀 보장 원칙이 거센 도전을 받으면서 글로벌 자금이 홍콩 등 아시아 시장으로 옮겨가자 암호화폐 투자시장 선점으로 글로벌 자금을 유인하려는 복안으로 풀이된다.

일본 또한 ICO에 매우 전향적인 자세를 취하고 있다. 지난 2017.11월에는 일본 최대의 ICO가 이루어졌다. 암호화폐 거래소 자이퍼Zaif를 운영하는 테크뷰로Tech Bureau가 ICO 모금을 통해 109억엔을 조달한 것이다. 이 자금은 동사의 ICO 자금 플랫폼인 콤사COMSA 시스템 확충에 사용할 예정이다. 다만 최근 들어 ICO 과열 양상을 보이자 일본 금융당국은 이에 대한 우려를 표명하고 나섰다. 그러자 업계에서는 즉각 'ICO 자율규제'로 화답했다.

6. 암호화폐 거래소의 운영 상황

🪙 주식처럼 거래되는 암호화폐

암호화폐는 세계 각국에 만들어진 암호화폐 거래소에서 주식처럼 거래된다. 암호화폐 거래소는 암호화폐를 거래하는 시장이다. 암호화폐 가격이 치솟으면서 자연히 암호화폐를 거래하는 거래소에 대해서도 관심이 높아지고 있다. 암호화폐의 투자를 제대로 하기 위해서는 암호화폐 거래소를 잘 선택하는 것도 매우 중요하기 때문이다. 이때 거래소의 거래물량과 수수료 그리고 보안관계 등을 잘 따져 보아야 한다.

암호화폐 정보업체인 '코인마켓캡coinmarketcap'에 따르면 현재 거래소와 사이버 상에서 거래되는 암호화폐만 하더라도 1,400 종류 가까이 된다. 그리고 하루가 멀다하고 새로운 암호화폐가 탄생하여 거래되는 암호화폐의 수가 늘어나고 있다. 2018.1.7일 기준 암호화폐의 시가총액을 모두 합하면 8,400억 달러에 달했다.

비트코인은 여전히 가장 큰 시장 가치를 지니고 있다. 2018.1월 비트코인의 시가총액은 2천억~3천억 달러를 오가며 전체 암호화폐시장의 약 35%를 차지하고 있다. 그러나 한때 비트코인의 시가총액이 전체 암호화폐 시장의 90% 이상을 차지했던 것과 비교할 때 다른 암호화폐의 성장 또한 매우 가파르다는 것을 알 수 있다.

특히 이더리움과 리플은 시가총액 규모 2~3위 자리를 주거니 받거니 하면서 빠르게 성장하고 있다. 이더리움은 스마트 계약 기능까지 지니고 있어 앞으로 비트코인과 경쟁이 가능한 상품으로 주목받고 있다. 또한 제도권 금융기관의 원활한 거래 지원 기능을 수행하는 리플은 우리나라에서 특히 인기가 높다. 그동안 이더리움에 이어 3위에 포진하고 있다가 2017.12월 들어 급성장함에 따라 2위로 올라서기도 했다.

세계의 주요 암호화폐 거래소

세계 최초의 암호화폐 거래소는 일본의 '마운트곡스Mt.Gox'다. 마운트곡스는 비트코인이 널리 알려지기 전인 2010년 문을 열고 비트코인과 함께 커 왔다. 2013년 4월에는 전 세계 비트코인 거래 가운데 70%가 마운트곡스에서 이뤄지기도 했다.

이후 암호화폐 거래소가 우후죽순 생겨나기 시작하였다. 일본의 '비트플라이어Bitflyer'는 과거 마운트곡스가 그랬던 것처럼 세계 최대의 거래 규모를 자랑하고 있다. 미국에도 암호화폐의 거래량이 많은 거래소가 다수 있다. '코인베이스Coinbase'와 계열사 '지닥스GDAX'는 약 1,200만 명의 고객을 보유한 세계 최대의 거래소이다. '비트렉스Bittrex'는 비트코인과 이더리움 외에도 네오, 큐텀, 오미세고, 코모도 등 매우 다양한 종류의 코인을 취급하고 있어서 세계적으로 많은 사용자가 이용하는 거래소 중 하나이다. 홍콩 소재 '비트파이넥스Bitfinex' 와 '바이낸스Binance' 또한 다양한 코인을 거래하며 거래량도 10위권 안에 들고 있다. 이들 홍콩 소재 거래소는 특히 중국 거래소 폐쇄 이후 거래가 더 활성화되고 있다.

중국의 암호화폐 거래소들은 비트코인에 대한 규제와 맥을 같이 하면서 부침을 해왔다. 중국은 비트코인 거래량이 한때 전 세계의 90%를 차지하였으며, 지금도 전체 비트코인 발행량의 70~80% 이상을 소유하고 있다. 2011.6월 설립된 중국 최초의 암호화폐 거래소 'BTC China'는 한때 세계 전체 비트코인의 30%를 거래하는 세계 최대의 거래소였다. 그러나 2017.9월 비트코인 열풍이 지나치다는 이유로 금융당국의 명령에 의거 BTC China는 폐쇄되었다. 이로 인해 비트코인 가격이 순간적으로 40% 급락하기도 했다. 연이어 '휘비닷컴', 'OK코인'도 거래를 중단함으로써 중국 3대 암호화폐 거래소는 모두 거래 중단을 발표했다. 이후 이들은 홍콩으로 자리를 옮겨 영업을 지속해 나가고 있다.

🪙 우리나라의 주요 암호화폐 거래소

우리나라 또한 암호화폐 거래소가 매우 활성화되어 있다. 암호화폐의 일 평균 원화 거래 비중은 전 세계 시장의 약 20% 수준에 이른다. 일본 엔화 약 40%, 미 달러화 30%에 이어 3번째로 높은 비중이다. 특히 암호화폐 투자 열풍이 한창이던 2017.12월부터는 거래량 규모가 세계 최대를 차지할 정도로 커지고 있다. 그 결과 우리나라 거래소에 대한 규제를 강화할 때마다 세계 암호화폐 시장 전체가 출렁이는 모습을 보이고 있다.

국내에는 30여 개 암호화폐 거래소가 영업 중인 가운데 빗썸Bithumb, 코인원Coinone, 코빗Kobit 등 3개 업체가 과점체제를 구축해 왔다. 이들 중 최초의 거래소는 코빗이며 거래 규모가 가장 큰 곳은 빗썸이다. 특히 빗썸은 세계 1위 자리를 두고 다툴 정도로 성장하였다. 지난 2017.11.12일에는 하루 거래량이 무려 6조 5천억원에 이르러 서버가 다운되는 사고가 발생하기도 했다. 국내 2~3위인 코인원과 코빗 또한 투자 열풍이 거세게 불었던 2017.11~12월 중순까지는 세계 10대 거래소로 손꼽혔다. 이후 이들의 거래 규모 비중이 조금은 줄어들었지만 여전히 커다란 위치를 차지하고 있다.

그러나 이들 기존의 국내 거래소들이 대부분 취급하는 코인 수는 시가총액 규모가 큰 10개 내외로 제한되어 있다. 이는 시장에서 이미 검증을 끝낸 암호화폐만 취급해 국내 투자자들의 투자 위험을 줄여주겠다는 취지이지만 다양한 암호화폐에 투자를 원하는 사용자들은 미국, 일본, 홍콩 등 해외 거래소를 찾아야만 했다. 이 과정에서 암호화폐 송금 등에 시간이 지연되고 계좌관리가 복잡하며 언어장벽이 있는 등의 문제가 있었다.

이러한 문제를 해소하기 위해 새로운 암호화폐 거래소가 얼마 전 출범했다. 국내에서 가장 많은 코인과 마켓을 지원하는 암호화폐 거래소 '업비트Upbit'가 2017. 10월 발족되었다. 업비트가 취급하는 코인 수는 120개를 상회한다. 이처럼 취급 코인 수가 많다보니 하루 거래량 또한 국내 최대 거래소 빗썸을 능가할 정도로 커졌다.

이와 함께 국내 암호화폐 거래소들이 2017. 8월부터는 오프라인 창구를 신설하면서 그동안의 온라인 중심에서 오프라인으로까지 시장 확장에 나섰다. 이들은 오프라인 창구 확장을 이유로 암호화폐에 대한 고객들의 신뢰 향상과 디지털에 가까운 세대 외에도 오프라인에 익숙한 세대에 이르는 투자자 계층의 확대를 내세웠다.

글로벌 암호화폐 거래소

순위	거래소 명	시장 점유율(%)
1	Binance	18.69
2	Bittrex	11.81
3	Bithumb*	10.57
4	Bitfinex	7.87
5	BitFlyer	7.80
7	Poloniex	4.33
9	Coincheck	3.17
10	GDAX	2.89
13	Coinone*	1.70
19	Korbit*	0.72

자료: Coinhills(2018. 1. 1일 24시간 거래량 기준), *는 국내 거래소

🅦🅑 암호화폐 거래소의 문제점

암호화폐 거래소의 출현은 암호화폐 시장을 성장시키는데 결정적 역할을 하였다. 이와 함께 ICO Initial Coin Offering라는 새로운 자금 조달 방식도 가능케 하고 있다. 소규모 신생 기업이라 할지라도 암호화폐를 발행하는 방식으로 쉽게 자금을 모집할 수 있게 된 것이다. 조달한 코인 형태의 투자금은 거래소를 통해 실제 화폐로 환전할 수 있다. 그리고 거래소에서는 암호화폐와 실제 화폐간의 거래뿐만 아니라 서로 다른 암호화폐 상호간의 환전 수요 또한 꾸준히 늘어나고 있다.

그러나 암호화폐 거래소는 아직도 개선되어야 할 여지가 많다. 특히 안전성에 대한 우려가 크다. 2017. 6. 23일 이더리움 가격이 319달러에서 단 한시간만에 10센트까지 폭락했다가 다시 회복된 사건이 발생했다. 사고를 낸 암호화폐 거래소인 GDAX는 단 1시간 사이 매도 주문이 수백만 달러나 밀려드는 바람에 순간적인 가격 폭락이 발생했다고 설명하였다. 이른바 순간폭락 현상인 플래시 크래시flash crash는 아직은 암호화폐 시장이 얼마나 불안정한지를 보여준 극단적 사례이다.

유사한 현상이 2017.11.12일 국내 거래소 빗썸에서도 벌어졌다. 비트코인 캐시에 대한 수요가 급증하자 빗썸의 서버가 1시간 30분 동안 다운되었다. 그 사이 시세가 30% 이상 급락했으나 거래를 하지 못해 피해를 입은 다수의 투자자들이 발생하는 사고가 벌어진 것이다. 이처럼 암호화폐에 대한 거래 수요는 크게 늘어나고 있으나 이를 뒷받침할 거래소의 인프라는 매우 취약한 실정이다. 이에 따라 거래량이 한꺼번에 몰리면 서버다운이 되기 일쑤다.

이런 접속장애로 인한 사고가 빈번하자 국내 거래소들은 서버 용량을 지속적으로 증설시켜 나가고 있으나 폭증하는 거래 수요를 감당하지 못해 서버다운 사고 소식은 여전히 이어지고 있다. 여기에 순식간에 가치가 급등하거나 급락하는 경우 거래를 일시 정지하는 등 안전장치가 없어 막대한 투자 손실로 이어질 위험성도 있다.

거래소가 난립하고 투자자 유치 경쟁이 무분별하게 이뤄지는 것도 문제이다. 거래소 설립과 운영에 특별한 제한이 없다보니 미성년자와 한탕을 노린 투기꾼까지 뛰어들어 시장을 혼탁하게 만들었다. 자연히 암호화폐 가격이 치솟고 국제 시세보다 20~50% 높은 '김치 프리미엄'까지 형성되었다.

우리나라 암호화폐 거래소의 발전 방향

이런 문제를 시정하기 위해서는 거래소의 인프라 확충, 안전성 강화 조치 등의 제도 정비를 서둘러야 한다. 또한 심심찮게 일어나는 거래소 해킹 문제도 극복해야할 과제이다. 아울러 암호화폐 거래소에 대한 법적 미비 문제노 소속히 보완 되어아 힐 사안이다. 이는 기본적으로 암호화폐가 법적 화폐나 재화로 인정받지 못하고 있는데 기인한다.

현재 암호화폐 거래소는 증권 중개업자로 등록된 증권사와 달리 통신판매업자로 분류되어 있다. 이로 인해 투자자 보호를 위한 제도적 장치가 크게 미흡한 실정이다. 이러한 과제들에 대한 해결책을 빠른 시일 내에 종합적으로 검토·마련함으로써 암호화폐 시장이 건전하게 발전되도록 힘써야 할 것이다.

이러한 상황 인식 아래 블록체인협회는 암호화폐 거래에 관한 자율규제안을 마련하여 2018.1월부터 시행키로 했다. 블록체인협회는 국내 주요 암호화폐 거래소들과 블록체인 기술 스타트업들이 주축이 되어 결성한 민간단체이다. 이 안에 따르면 앞으로 국내 암호화폐 거래소를 운영하려면 자기자본을 20억원 이상 보유하고 금융업자에 준하는 정보보안시스템을 갖춰야 한다.

또 투자자의 원화 예치금은 100% 금융기관에 예치하고 암호화폐 예치금은 70% 이상을 오프라인 상태의 별도 외부 저장장치인 '콜드 스토리지cold storage'에 보관해야 한다. 그리고 암호화폐 거래소에서 매매 거래 시 사전에 지정된 투자자 명의의 계좌에서만 입·출금을 할 수 있도록 하였다. 아울러 미공개 정보를 이용한 행위, 시세 조종 등 불공정거래 관련 임직원의 윤리규정도 마련했다.

정부도 2017년 12월, 두 차례에 걸친 '가상통화 거래에 대한 규제 대책' 회의를 통해 암호화폐 거래소의 건전성 제고 방안을 마련·발표하였다. 거래실명제를 도입함과 아울러 불건전 거래소는 퇴출키로 하였다. 나아가 암호화폐 거래소의 폐쇄 문제까지도 검토되고 있다고 한다.

그러나 국내 거래소를 폐쇄한다고 해도 암호화폐 거래를 완전히 근절시키기는 현실적으로 어렵다.

우선, 해외 거래소를 통해 매매가 가능하기 때문이다. 이미 해외 거래소를 통한 암호화폐 거래는 국내와 해외 간 시세 차이로 돈을 버는 차익 거래 때문에 관심이 높아진 수단이기도 하다. 이는 암호화폐는 인터넷으로 언제든지 거래가 가능함에 따라 전 세계 거래소가 동시에 문을 닫지 않는 한 해외 거래소에서 해당 국가의 통화를 사용해 암호화폐를 사는 것까지 원천 봉쇄하기가 어렵기 때문이다.

다만, 해외 거래소를 이용하는 데는 현실적인 어려움이 따른다. 해외 거래소 이용을 위해서는 현지은행 계좌를 통해 암호화폐 관련 계좌를 만들어야 하는데, 계좌 개설 절차가 매우 까다롭다. 더욱이 해외 거래소를 이용하더라도 투자액에 한계가 있다. 현행법상 증빙서류 없이 해외 송금 한도액이 5만 달러에 불과하기 때문이다.

다음으로 장외시장을 통한 거래가 가능할 것이기 때문이다. 이 경우 암호화폐 시장은 한층 더 혼탁해질 가능성이 크다. 실제로 중국에서 암호화폐 거래가 금지된 이후에도 시장이 위축되지 않고 음성화 경로를 통한 장외거래 시장이 활황을 유지하고 있는 것으로 나타났다. 장외거래 시장을 통해 거래되는 암호화폐의 규모가 급격하게 늘어나고 가격도 급등세를 이어오고 있다. 이들 장외거래 플랫폼의 서버는 대부분 미국, 일본, 홍콩에 위치한 것으로 조사됐다.

이렇게 볼 때 거래소 폐쇄와 같은 극단적인 조치보다는 암호화폐 거래소들이 건전하게 발전할 수 있는 방안을 강구해 나가야 할 것이다.

7. 암호화폐 거래소의 해킹과 보안

해커들의 표적, 암호화폐 거래소

암호화폐 거래소에는 현금에 해당하는 다량의 코인들이 모여 있기 때문에 해커들의 표적이 되고 있다. 2014.2.25일 당시 세계 최대 비트코인 거래소인 일본의 '마운트곡스Mt.Gox'는 갑자기 비트코인 거래를 전면 중단했다. 그리고 2월 28일 거래소가 해킹을 당해 4억 7천만 달러에 달하는 고객 예치금이 소실됐다며 도쿄 지방법원에 파산 신청을 하였다.

잃어버린 금액은 고객이 맡긴 75만 BTC비트코인와 회사가 보유하고 있던 10만 BTC였다. 이는 당시 전 세계 비트코인 거래량의 약 7%에 해당하는 규모였다. 그리고 1BTC 가격은 약 550달러로, 달러로 환산하면 약 4억 7천만 달러에 달했다. 투자자들은 패닉에 빠졌다. 특히 마운트곡스가 한때 전 세계 비트코인 거래의 70%를 차지할 만큼 가장 권위 있는 거래소였다는 점에서 충격은 더했다.

이후 예치금 분실이 해킹에 의해서가 아닌 거래소 내부자의 불법 소행에서 이루어진 것이라는 의혹이 제기됨에 따라 더욱 경악을 금치 못했다. 해킹 사실을 조사하던 일본 사법당국은 거래소 최고경영자CEO이던 마크 카펠레스가 내부 시스템에 접근해 자신의 현금과 비트코인 잔액 데이터를 조작하여 횡령한 혐의를 발견하고 이에 대한 조사를 진행 중에 있다.

🪙 해외 주요 해킹 사례들

암호화폐 거래소들은 오래 전부터 전 세계 해커들 사이에서 금융사기의 표적으로 떠올랐다. 마운트곡스는 이미 2013년부터 잇따른 해킹 시도로 거래 서비스가 몇 시간씩 중단되는 사고가 비일비재했다. 유럽 최대 비트코인 거래소인 덴마크의 'BIPS'와 체코 거래소 '비트캐시'도 해킹으로 비트코인이 털리는 사고를 당했다.

캐나다 비트코인 은행 '플렉스코인'도 해킹으로 6억 5천만원 상당의 비트코인을 도난 당해 문을 닫았다. 중국 암호화폐 거래소 비터Bter도 2015년 2월 해킹으로 7,170개의 비트코인을 도난 당했다. 홍콩의 비트파이넥스Bitfinex는 2016년 12만 비트코인을 해킹으로 분실하였다.

2017.7월 가입자 수 70만명에 이르며 거래량으로 전 세계 10위권에 들었던 러시아의 암호화폐 거래소 BTC-e가 비트코인을 세탁한 혐의로 기소돼 운영 중단 사태에 빠졌다. 아울러 거래소 관리자인 비닉도 자금세탁 혐의로 체포되어 조사를 받고 있다.

경찰에 의하면 용의자 알렉산더 비닉은 러시아 출신으로 악명 높은 전자 범죄 웹사이트를 운영하고 있었다. 그리고 여기에는 700만 비트코인이 예치돼 있으나 550만 비트코인이 인출됐다고 밝혔다. 비닉은 2011년부터 비트코인 거래소 BTC-e를 운영하면서 이를 통해 마약 거래 및 해킹, 랜섬웨어 등으로 얻은 불법 수익금 약 40억 달러를 세탁해온 혐의를 받고 있다. 미국 법무부는 BTC-e와 비닉에게 「자금세탁방지법」 위반으로 각각 1억 1천만 달러와 1천 2백만 달러의 벌금형을 부과했다. 또한 만약 비닉이 유죄로 판명될 경우 55년의 징역형도 부과될 것으로 보인다.

이번 사건은 2014년 해킹으로 파산한 마운트곡스와도 연루된 것으로 의심돼 더 큰 파문이 일고 있다. 마운트곡스 사건을 추적한 일본의 보안업체 위즈섹WizSec은 당시 해커들이 탈취한 코인 중 일부가 비닉이 관리하는 지갑으로 흘러갔으며 마운트곡스 CEO 마크 카펠레스가 빼돌린 자금을 받아 세탁했을 가능성을 제기했다. 파산 당시 카펠레스는 약 4억 7천만 달러에 달하는 비트코인을 해킹으로 분실했다고 주장한 바 있다.

🅦🅑 국내 암호화폐 해킹 사례

국내에서도 거래소 해킹 문제는 예외가 아니다. 2017. 4. 22일 국내 비트코인 거래소 '야피존Yapizon'이 해킹으로 3,831비트코인당시 가격 약 55억 원을 도난 당한 사건이 발생하였다. 이는 야피존 회원들 전체 자산의 37.08%에 달하는 규모였다. 이에 야피존은 모든 회원의 자산을

37.08%씩 차감한다는 입장을 밝혔는데, 이는 해킹 피해를 고스란히 고객들에게 전가한 것이다. 만약 제도권 금융기관에서 이런 일이 벌어졌다면 이를 용인할 고객은 아무도 없을 것이다.

야피존은 경찰에 수사를 의뢰했다. 그러나 범인이 검거되더라도 고객들이 입은 피해를 보상받을 길은 현실적으로 어렵다. 이는 기본적으로 암호화폐는 아직 대부분의 나라에서 공식 화폐로 인정되지 않고 있기 때문이다. 이후 야피존은 '유빗youbit'으로 이름을 변경하고 거래소 영업을 지속해왔다.

그러나 2017. 12. 19일 유빗은 또 다시 해킹공격을 당하는 사고로 전체 자산의 17%에 달하는 손실을 보면서 국내 거래소로서는 처음으로 파산을 선언하였다. 이런 사고들이 수시로 발생하고 있지만 암호화폐는 예금자 보호제도 같은 투자자 보호 장치가 적용되지 않는다. 따라서 피해자들이 구제받을 길이 없다. 그리고 암호화폐를 거래하는 거래소는 사설기관에 불과하여 금융규제의 틀에서 벗어나 있기 때문에 제도적으로 구제해 줄 방법이 없다는 것이다.

국내 최대 거래소인 빗썸에서도 보안과 해킹 문제가 제기되었다. 빗썸은 2017. 6월 3만명 규모의 개인 정보가 유출됐다고 밝혔다. 이후 검찰과 경찰은 이에 대한 수사와 함께 보이스피싱 등으로 부단 인출 사태를 겪은 피해에 대해서도 수사를 진행 중이다. 아울러 피해자들은 빗썸을 상대로 집단소송을 제기한 상태다.

이후 같은 해 11월에도 빗썸의 서버가 다운되는 사고가 발생하였다.

비트코인 캐시 가격이 11월 12일 오후 3시 30분, 283만원으로 거래되며 전날 대비 150% 이상 급등하였다. 이에 투자자들이 대거 몰리면서 오후 4시부터 1시간 30분 동안 서버가 다운됐다. 이 사이 비트코인 캐시 가격은 168만원으로 30% 이상 급락하며 제 때 거래하지 못한 투자자의 불만이 쏟아졌다. 거래소에서는 "12일 빗썸에서만 전 세계 거래량의 25%가 거래돼 예측 가능한 범위를 넘어서는 거래량이 발생했다"며 사과문을 올렸지만 손실을 입은 투자자들은 집단소송을 준비하고 있다.

거래소의 안전과 제도 정비

마운트곡스 사태 이후 암호화폐 거래소들은 보안 강화를 위해 더 많은 노력을 경주해오고 있다. 암호화폐 거래소의 설립을 인가제로 강화하는 방안도 그 중의 하나이다. 그런데도 여전히 거래소 사고가 이어지고 있다. 더 큰 문제의 심각성은 외부의 해킹도 그렇지만 사고의 많은 부분이 내부자 비행에서 비롯된 것으로 밝혀지는 데 있다. 이런 상황에서도 여전히 거래소 보안과 비리 문제를 처리할 제도적 장치가 마련되지 못하고 있다. 특히 우리나라는 거래량 규모면에서 세계 3위권에 달하고 있지만 거래소에 대한 법적 제도적 뒷받침은 매우 허술한 실정이다. 이의 근본적인 이유는 암호화폐 거래소가 금융회사가 아니라 온라인쇼핑몰과 같은 통신판매업자로 등록되어 「전자상거래 등에서의 소비자 보호에 관한 법률」을 적용받고 있기 때문이다.

암호화폐 거래소들이 지닌 이러한 문제점들을 시정하기 위해서는 고객의 개인 정보 보호 수준, 거래소 사이트의 보안 수준을 강화해야 한다. 이와 함께 금융기관으로서 갖추어야 할 책임에 대한 각종 규정의 정비도 필요하다. 예를 들어, 각종 리스크에 대비할 수 있는 능력을 충분히 갖추었는지 점검할 필요가 있다.

많은 고객이 동시에 많은 코인을 원화로 교환하려 할 경우 원화 지불 여력, 거래소가 해킹 등으로 파산했을 때 고객에게 지불을 보장할 수 있는 수단에 대해서도 논의가 필요하다. 아울러 내부자의 비리를 예방할 수 있는 기술적·제도적 장치도 마련해야 한다.

2017.12월 우리나라의 정부와 블록체인협회는 거래소의 보안 강화와 투자자 보호 대책을 잇따라 내놓았다. 그러나 여전히 근본적인 대책에서는 빗겨나 있다는 평가를 받고 있다. 무엇보다도 중요한 과제는 암호화폐 거래소에 대한 법적 지위 문제를 신중하면서도 신속히 결정하는 것이다.

8. 암호화폐와 범죄

🪙 범죄 수단으로 활용 급증

암호화폐는 블록체인 방식을 적용해 보안성이 뛰어나고 거래가 간편해 미래의 화폐로서 가치가 급상승하고 있다. 하지만 금융기관을 거치지 않는 암호화폐 거래는 익명이 보장된 개인 간 주소로 이루어지기 때문에 추적이 매우 어렵다. 또 계좌를 만들 때 아이디ID와 패스워드password 외에 개인 정보를 입력할 필요가 없다.

이러한 이유 때문에 랜섬웨어ransomware를 이용하는 해커들이 금전 거래 수단이나 불법 거래, 돈 세탁 등 각종 범죄에 비트코인 등 암호화폐를 활용하고 있다. 해커나 범죄자 입장에서는 통장으로 아날로그 화폐를 건네받는 것보다 디지털 화폐인 암호화폐를 받는 게 훨씬 더 안전하기 때문이다.

비트코인 시세가 급등하게 된 원인 중의 하나로 '랜섬웨어'가 지목되고 있다. 한 자료에 의하면 2016년 한 해 동안 해커들이 랜섬웨어로 벌어들인 수익은 1조 2천억원에 달하며, 이 금액 대부분이 비트코인으로 지급되었다고 한다. '랜섬웨어ransomware'는 영어로 몸값을 의미하는 'ransom'과 소프트웨어의 'ware'를 합성한 말이다. 악성 프로그램의 일종으로 사용자 동의 없이 컴퓨터에 설치되는 것이 일반적이다.

랜섬웨어는 사용자의 문서 등 중요 파일을 암호화하여 파일을 사용할 수 없게 만든 후 암호를 풀어주는 대가로 금품을 요구한다. 해커들은 개인과 사회 전체에 노략질 하듯 바이러스를 퍼트리고 협박해서 돈을 갈취해 간다. 이들 해커들이 요구하는 금품은 주로 비트코인 등 암호화폐로, 암호화폐의 익명성을 악용했다. 전형적인 자금 세탁의 방법이다.

이처럼 비트코인이 범죄에 악용되는 것은 암호화폐가 가진 익명성 때문이다. 암호화폐 거래에 관한 송·수금 기록은 남아있지만 정작 그 주체가 누군지는 철저히 가려진다. 때문에 비트코인을 사용하면 거래 내역을 추적하는 것이 사실상 불가능하다. 일각에서는 신원은 알 수 없지만 자금 거래 추적은 가능하기 때문에 비트코인이 최종적으로 현금으로 인출될 때 추적이 가능하다고 주장한다. 그러나 해외 거래소를 이용할 경우 해외 수사기관과의 공조가 쉽지 않기 때문에 추적이 거의 불가능하다. 더욱이 최근에는 익명성이 한층 더 강화된 암호화폐들이 출현하고 있다. 다름 아닌 대시Dash, 모네로Monero, 제트캐시Zcash 등이다.

암호화폐의 익명성으로 탈세가 광범위하게 이루어지는 것도 시정해야 할 과제이다. 상속세, 증여세의 경우 암호화폐를 누구에게 얼마를 주었는지, 준 사람과 받은 사람 이외의 제3자는 일체 알 수 없다. 또 송금

기록과 수금 기록 등 거래에 관련된 기록은 모두 공개되어 있으나 그것이 누구인지는 알 수가 없다. 이에 따라 비트코인 등 암호화폐로 상속과 증여를 할 경우 이에 대한 상속세와 증여세를 부과하기가 매우 어렵다.

물품의 매매 거래마다 소비자에게 부과하는 부가가치세VAT 등 간접세도 암호화폐 계좌의 익명성 때문에 그 매매 거래를 추적하기가 쉽지 않다. 암호화폐로 동산이나 부동산 등 물건을 판매할 경우, 거래 내역을 추적하기가 거의 불가능함에 따라 소득세나 법인세 또한 부과하기가 쉽지 않다.

우리나라의 관련 범죄 유형과 대응책

우리나라도 암호화폐 관련 범죄가 급증하고 있다. 경찰청은 2015년부터 2017년 6월까지 발생한 가상화폐 관련 주요 범죄 현황을 조사·발표하였다. 이에 따르면 가상화폐가 자금 세탁과 추적 회피에 주로 쓰던 대포통장을 대체 중이다. 사이버 금융범죄는 2015년 정점을 찍고 지속 감소한 반면, 가상화폐 범죄는 최근 3년 사이 714건으로 급증했다. 이는 그동안 가상화폐가 주로 랜섬웨어나 마약 유통 시 대금결제 수단으로 쓰였지만 점차 사기와 횡령 등 다양한 범죄 수단으로 확산되고 있음을 의미한다. 범죄 유형은 해킹이나 컴퓨터 사용자 사기 등 탈취형27.3%, 투자 모집이나 유사수신 등 사기형42.3%, 불법거래 수단이나 피해금 요구 등 자금 세탁형30.4%으로 구분된다.

2015년~2017년 6월 가상화폐 관련 주요 범죄현황

총계	탈취형(27.3%)		사기형(42.3%)		자금세탁형(30.4%)	
	해킹	컴퓨터사용사기	투자모집사기	유사수신	불법거래수단	피해금요구
714	86	109	168	134	82	135

자료: 경찰청

구체적인 범죄 유형을 몇 가지만 소개하면 다음과 같다. 인터넷 포털 내 카페나 오픈 채팅방에 '투자정보방'을 마련한 뒤 거래 정보를 준다며 금전을 탈취하는 행위, 가상화폐 채굴에 참여하면 일정 수익을 보장한다며 투자자를 모집하는 사기 행위, 신규 가상화폐 발행을 미끼로 투자자를 모집하거나 투자를 대신해 준다며 펀드 형태로 돈을 탈취하는 행위 등이다.

암호화폐 거래소를 통한 범죄도 기존 금융회사에서 발생한 전자금융 사기 수법이 고스란히 나타나고 있다. 오히려 보이스피싱과 악성코드 유포 등이 결합된 형태로 진화되고 있는 실정이다.

예를 들면, 악성코드에 감염된 가상화폐 사용자는 정상적인 거래소 인터넷 주소로 접속했지만 동일하게 위장된 피싱 사이트fishing site로 연결된다. 따라서 여기에 입력한 ID와 비밀번호가 탈취되고 실제 계좌에서 가상화폐가 인출된다. 또 암호화폐 거래소 홍보로 위장한 허위 광고 배너도 있는데, 이 경우 피해자가 광고를 누르면 피싱 사이트로 연결되고 가상화폐 금융정보가 탈취된다.

이처럼 범죄 위험이 증가하자 정부는 2017.12월 두 차례에 걸쳐 '가상통화 거래에 대한 규제대책'을 마련·발표했다. 우선, 거래 실명제를 도입·실시키로 했다. 이를 위해 암호화폐 거래에서 가상계좌 활용은 금지한다. 기존에는 암호화폐 거래소 입출금 과정에 은행의 가상계좌를 이용했는데, 가상계좌는 실명 확인이 불가능하다. 앞으로는 성명·계좌번호는 물론 주민번호까지 확인 가능한 '실명확인 입출금 시스템'을 도입할 예정이다.

즉 같은 은행에 개설된 고객의 일반 계좌와 암호화폐 거래소의 법인 계좌 간 입출금만 허용한다. 만약 특정 거래소가 A은행에만 법인 계좌를 보유했다면 이 거래소를 이용하려는 고객들은 반드시 A은행 계좌를 보유해야만 한다. 이 과정에서 거래은행은 주민번호를 이용해 고객이 미성년자나 비거주 외국인은 아닌지를 확인한 뒤 이체를 실행한다. 따라서 청소년이나 외국인의 거래는 차단할 수 있다.

나아가 실명 확인 시스템의 운영 성과 등을 종합 검토한 뒤 필요하다면 1인당 거래 한도를 설정하는 방안도 검토키로 했다. 아울러 암호화폐 거래소의 지급결제 서비스 운영 상황을 점검한 뒤 불건전 거래소는 퇴출키로 했다. 즉 가입 과정에서 본인 확인 등을 소홀히 하는 불건전 거래소의 경우 은행권은 모든 거래를 중단키로 한 것이다.

날이 갈수록 암호화폐의 활용도가 크게 늘어나고 가치 또한 상승하고 있지만 관련 법과 사후 관리는 미비한 상태다. 따라서 암호화폐 거래와 관련된 다양한 위험 요소들에 대처하기 위한 철저한 안전장치가 필요하다. 그리고 아직 법적 지위를 부여받지 못한 비트코인 등 암호화폐에 관한 법안 마련과 국제 수사 공조체제 정비 등의 과제도 풀어나가야 한다.

9. 암호화폐 세계 대전, 각국의 규제와 과세

🪙 미비한 법적 · 제도적 장치

날이 갈수록 암호화폐 시장의 규모가 천정부지로 커지고 있다. 최초의 암호화폐인 비트코인이 2009년 탄생한 이후 지금까지 1,400여 종류의 암호화폐가 쏟아져 나와 거래되고 있다. 비트코인의 가격은 탄생 이후 불과 수년 만에 1억 배 이상 뛰었다. 세계 암호화폐의 전체 상장시가 규모는 2018.1월 최대 8,400억 달러까지로 치솟았다. 이 수치는 세계 17대 경제대국인 터키의 경제 규모GDP와 비슷한 것이다. 하루 거래량도 300억 달러에 달한다. 국내 시장에서의 하루 거래량도 폭발적으로 늘어나 코스닥시장 규모를 능가하여 평균 7~10조원 규모 이상에 달한다.

암호화폐 시장 규모 비교

* 3,000억 달러 – 삼성전자 시가총액	* 8,400억 달러 – 암호화폐 시가총액
* 8,600억 달러 – 터키 경제 규모	* 1조 4,110억 달러 – 한국 경제 규모

* 경제 규모는 2016년, 암호화폐와 삼성전자는 2018. 1월 초 기준

이처럼 외형상의 확장과 함께 우리 실생활 깊숙이 파고들고는 있지만, 아직 암호화폐는 법정통화로 인정받지 못함에 따라 여러 가지 제도적·법적 허점이 발생하고 있다.

사실 암호화폐가 아직까지는 경제활동에 필요한 거래 수단으로 쓰이는 경우가 그리 많지는 않다. 오히려 주식처럼 투자의 목적으로 활용되는 경우가 더 일반적이다. 물론 거래의 대상으로 사용되고는 있지만 익명으로 이뤄지고 추적도 어려워 범죄 수단으로 더 많이 악용되고 있는 실정이다. 여기에 툭하면 암호화폐 거래소에 대한 해킹과 내부자 비리 문제도 제기되고 있다. 가격 변동성 또한 매우 큰 편이다.

이로 인해 금융시장의 혼란과 불안을 초래하고 있으며 일반 투자자들의 피해 또한 급격히 늘어나고 있다. 그러나 이를 구제하거나 수습할 대책 마련이 제대로 이루어지지 못하고 있는 상황이다. 이에 많은 나라에서 암호화폐에 대한 기준을 정립하는 중에 있다. 아직은 규제가 많은 상황인데, 이는 암호화폐의 긍정적인 측면보다는 부작용이 더 크게 다가왔기 때문일 것이다.

암호화폐를 화폐로 인정하기 어렵다는 측의 논거는 두 가지다. 하나는 암호화폐는 아무런 내재가치가 없다는 점이다. 즉 암호화폐에는 사용자들이 모두 인정하는 객관적인 가치가 없다는 것이다. 과거 쓰였던 금화나 은화는 물론 지폐도 정부의 지급보증이라는 가치가 숨어 있어서 화폐가 될 수 있다는 논리다.

다른 하나는 암호화폐는 가격 변동성이 지나치게 커 화폐로서의 역할을 제대로 할 수 없다는 것이다. 지난 몇 년 동안 암호화폐 업계를 뒤

흔드는 큰 이벤트들이 있어왔고 그때마다 가격은 사안에 따라 고가 대비 50% 이하로 급락하기도 했다. 암호화폐 투자 열풍이 거세게 불던 2017.12월과 2018. 1월에는 이러한 롤러코스터 가격 급등락 현상이 특별히 더 심각하였다.

🪙 중국의 암호화폐 규제 강화

중국은 세계에서 비트코인을 가장 많이 보유하고 있으며, 채굴량도 세계 최대의 마이닝 풀 비트메인이 활동하는 등 세계 최고다. 거래량 또한 정부의 거래 금지 조치가 있기 전에는 전 세계 비트코인 거래량의 약 90%를 차지하기도 했다. 중국의 암호화폐 거래소 BTC China는 설립된 지 2년 만에 전 세계 비트코인의 30%를 거래하며 일본 Mt.Gox의 거래량을 넘어서 세계 1위의 거래소가 되었다.

이처럼 비트코인에 대한 과도한 열기가 이어지자 중앙은행인 인민은행은 2013.12월 금융기관들이 비트코인의 유통이나 사용을 하지 말 것을 지시했다. 인민은행은 통지문을 통해 "비트코인은 진정한 의미를 지닌 통화가 아니기 때문에 법적 지위를 가질 수 없다. 따라서 금융기관이나 금융회사가 비트코인에 가격을 매겨서는 안되며 비트코인과 관련된 상품을 보증해서도 안 된다. 또한 가상통화를 사거나 팔아서도 안 된다. 그리고 대중들이 인터넷상에서 비트코인 거래에 참여하는 것은 자유이지만 위험은 스스로 감당해야 할 것이다."라고 밝혔다.

2017.1월 또다시 중국 금융당국은 암호화폐 거래소에 대해 신용거래 및 현금 인출 금지 조치를 내렸다. 이어 9월에는 ICO 금지와 함께 BTC China, 훠비닷컴, OK코인 등 중국 3대 암호화폐 거래소를 폐쇄시켰다. 이로 인해 세계 비트코인 가격이 순간적으로 40%나 급락하기도 했다.

중국 외에도 다수의 나라들이 규제를 강화하는 추세이다. 특히 자금 세탁 문제로 골머리를 앓고 있던 러시아와 베트남은 비트코인 거래 자체를 불법이라고 선언했다. 상대적으로 비트코인에 호의적이던 유럽 국가들도 최근 암호화폐가 자금 세탁으로 활용되고 또 가격 변동성이 커지자 위험성을 경고하고 나섰다.

다만, 중국 등 사회주의 국가들이 암호화폐 규제를 강화하는 진짜이유는 다른데 있다는 해석도 없지 않다. 이들은 투기과열로 인한 투자자 폐해보다 암호화폐가 지닌 탈중앙화 즉 권력의 중앙집중을 인정하지 않는 속성을 더 두려워 한다. 기본적으로 사회주의 체제의 존립기반은 중앙정부에 의한 권력 장악이다. 그런데 블록체인 기술과 이를 기반으로 무섭게 확산되는 암호화폐가 권력과 정보의 분권화를 통해 체제를 위협하는 존재로 떠오른 것이다. 최근 중국이 암호화폐 장내거래소 뿐만 아니라 개인 간의 P2P 장외거래까지 금지하기로 한데서도 이를 엿볼 수 있다.

암호화폐를 공식화폐로 인정하는 국가들

반면, 암호화폐에 우호적인 나라도 있다. 독일은 가장 먼저 비트코인을 공식 화폐로 인정한 국가이다. 2013년 8월 독일은 비트코인을 지급결제 수단임과 동시에 하나의 금융상품으로도 취급함으로서 소비세는 물론이고 발생한 차익에 대해서도 과세하고 있다. 아울러 암호화폐 서비스업체의 등록제를 실시하고 자금 세탁이나 불법 거래에 이용하면 계좌 폐쇄와 압류도 허용했다.

일본은 가장 적극적으로 암호화폐를 수용하는 나라이다. 더욱이 중국의 규제조치 이후 세계 암호화폐 시장을 선점하겠다는 야망을 한층 더 강화해 나가고 있다. 그 결과 엔화로 거래되는 비트코인 거래량이 세계 전체의 절반 수준에 이른다.

일본 정부는 2017.4월「자금결제법」을 개정해 가상화폐를 지급결제 수단으로 인정했다. 이에 따라 그동안 화폐가 아닌 하나의 자산으로 간주함에 따라 부과되던 8%의 소비세를 폐지했다. 그리고 ICO에 대해서도 적극적인 자세를 견지하고 있다. 이는 결국 암호화폐가 화폐의 기능을 가지고 있다고 인정한 것이다. 이러한 노력에 힘입어 실제로 비트코인을 결제수단으로 인정하는 점포가 크게 늘어나 2017년 말에는 약 20만개에 달한 것으로 추정되고 있다. 한 예로써 일본 저비용 항공사 피치는 비트코인을 통한 항공권 구매를 허용했다.

이와 함께 거래의 안정성을 확보함으로써 투자자를 보호하고 투자 저변도 확대하기 위해 암호화폐 거래소 관련 규정을 강화하였다. 우선 그동안 등록제로 운영되던 거래소 설립을 인가제로 강화했다. 다만 거래소의 추가 설립을 계획하고 있는 중이다. 그리고 거래소에 대해 공인회계사를 통한 외부감사를 실시하고, 최저 자본금을 의무화해 사용자를 보호할 수 있는 장치를 마련하였다. 또 암호화폐가 자금 세탁 수단으로 악용되지 않도록 거래소에서 본인 확인을 강화하고 업무개선 명령 등의 행정처분 명령을 내릴 수 있는 근거도 마련했다.

이 외에 스위스는 전 세계에서 가장 먼저 ICO 허브로 자리매김했다. 추크Zug 지역을 '크립토밸리Crypto Valley'로 지정했다. 호주도 암호화폐에 대한 회계 기준을 마련하는 등 비트코인을 일종의 화폐로 인정하고 관련 규정을 정비하고 있다.

이에 비해 세계 정치와 경제를 이끌고 있는 미국은 다소 어정쩡한 자세를 견지하고 있다. 재닛 옐런 미국 연방준비제도이사회FED 의장은 "비트코인 규제는 중앙은행의 권한 밖이다. 의회 차원에서 이 문제를 논의해야 한다."며 다소 신중한 입장을 밝혔다. 이는 자칫 잘못하면 글로벌 화폐 성격이 강한 암호화폐가 새로운 기축통화로 부상하여 자국화폐 달러를 대체할지도 모른다는 우려 때문인 것으로 풀이된다. 반면 미국의 금융시장과 IT업계는 암호화폐를 적극 수용하고 있다. 세계 최대 파생상품 거래소인 시카고상품거래소CME와 시카고옵션거래소CBOE는 2017년 말 비트코인 선물거래를 개시했다. 애플 공동창업자인 스티브 워즈니악과 마이크로 소프트의 빌게이츠는 비트코인의 가치를 높이 평가하고 있다.

이처럼 지금 세계는 암호화폐 시장과 산업을 둘러싸고 규제와 육성에 이르기까지 다양한 시책을 펼치고 있다. 그리고 암호화폐의 기반기술이자 4차 산업혁명 시대를 끌고 나갈 새로운 첨단기술로 각광 받고 있는 블록체인 기술을 선점하기 위해 치열한 경쟁을 벌이고 있다. 그 모습이 마치 암호화폐를 통한 세계 화폐전쟁이라도 치르는 듯하다.

암호화폐에 대한 과세

암호화폐에 대한 과세 문제 또한 논란의 중심에 있다. 암호화폐에 대한 과세가 어려운 것은 기존 과세 대상과 달리, 그 용도가 다양하다는 점에 있다. 암호화폐는 시세 차익을 노리는 금융상품, 결제 수단으로 쓰이는 통화, 사고팔 수 있는 재화 등 다양한 성격을 지니고 있다. 따라서 암호화폐의 법적 성격이 무엇인지 그리고 어떤 목적으로 보유하고 사용하는지에 따라 과세 항목이 달라진다.

암호화폐를 재화 내지 자산으로 취급해 이를 통한 구매를 물물교환으로 인식할 경우에는 부가가치세를 부과할 수 있다. 다만, 이 경우 재화 값을 치를 때 한 번, 판매자가 이를 법정화폐로 환전할 때 또 한 번 10%씩 부가가치세가 부과되어 '이중과세' 문제가 발생할 수 있다. 양도소득세와 상속세도 부과는 가능하겠지만 과세의 기본이 되는 소유주의 개인정보 추적이 어려워 한계가 있다. 이는 모든 거래 정보가 '블록체인' 방식으로 분산 저장·처리되기 때문이다. 물론 암호화폐의 실명거래제가 정착된다면 상당부분 과세 자료를 확보할 수는 있을 것이다.

암호화폐를 통화로 인정할 경우에는 부가세를 부과할 수 없게 된다. 이 때문에 일본은 암호화폐를 지급결제수단으로 인정하면서부터 부가

가치세를 면제했다. 가장 먼저 지급수단으로 인정한 독일 또한 현재는 부가가치세를 부과하지만 최근 폐지를 검토하고 있다.

세계의 주요국들은 조세체계에서 암호화폐의 성격을 그동안 대부분 '자산'으로만 간주해오다가 점차 '자산 겸 통화'라는 복합적인 성격을 가진 대상으로 정의하고 있는 실정이다. 미국은 얼마 전 암호화폐를 매개로 이루어지는 행위, 예를 들어 증여, 임금 지불, 투자 등에 대해서는 관련법에 따라 세금을 부과하겠다는 뜻을 밝혔다.

우리나라 또한 민관 합동 태스크포스TF를 구성하여 암호화폐 과세 문제를 논의하고 있는데 그 개요는 다음과 같다.

법인세는 지금이라도 과세가 가능하다. 법인세는 포괄주의를 채택하고 있기 때문에 암호화폐의 성격이 무엇이든 거래로 소득을 얻었다면 세금을 부과할 수 있기 때문이다. 그러나 거래가 불투명한 상황에서 법인이 자발적으로 신고를 하지 않는 이상 세원을 확보하기가 쉽지 않다는 현실적 문제가 있다.

개인이 내는 소득세의 경우 법을 개정해야 과세가 가능하다. 암호화폐 거래로 발생하는 소득은 소득세법이 열거한 종합소득이나 퇴직소득이 아니기 때문에 양도소득으로 분류된다. 그러나 양도소득은 법에 나열한 것들만 과세를 할 수 있기 때문에 정부가 가상통화 거래를 금융거래가 아니라고 하는 상황에서는 과세 근거가 없다. 또 금·외환·채권·주식 매매차익대주주 제외에 대해서는 양도소득세를 부과하지 않고 있어 형평성 논란이 예상된다. 과세당국이 거래 참여자의 가상화폐 매매 및 소득 내역을 일일이 추적해야 하는 만큼 과세행정의 어려움도 예상된다.

부가가치세의 경우 법 개정 없이 해석만으로 과세 여부를 판단할 수 있다. 그러나 전 세계적으로 암호화폐에 대한 소비세를 비과세 또는 면세하는 추세여서 한국만 부과하는 것도 부담스럽다. 이런 이유로 우리나라가 검토 중인 암호화폐에 대한 과세 문제는 양도소득세를 포함하되 주식처럼 거래세를 중심으로 설계될 가능성이 크다.

주요국의 암호화폐 과세

구분	소득발생 시 또는 거래발생 시			비 고
	소득세 법인세	양도소득세 (지본이득세)	부가가치체 (소비세)	
미국	○	○	× (통화로 간주)	
영국	○	○	× (민간통화로 분류)	
호주	○	○	× (판매세 부과하다 '17. 7월부터 비과세)	
일본	○	○	× (결제수단으로 취급)	
독일	○	○	○ (물물교환으로 취급)	유럽사법법원 부가세·비과세 판결
싱가포르	○	—		자본이득세제 없음

자료: 국세청/국세행정포럼

우리나라의 암호화폐 규제 동향

우리나라는 거래 규모가 전 세계에서 3위권에 들어갈 정도로 암호화폐에 대한 관심도가 높다. 이에 정부는 비트코인 등 암호화폐에 대해 모니터링을 강화해 나가고 있다. 그러나 아직은 암호화폐를 시장과 산업으로서 육성하기 보다는 투자자 보호에 방점을 두고 있는 실정이다.

현재 암호화폐는 우리나라 정부가 인정하는 화폐 내지 지급결제 수단이 아니다. 그렇다고 재화나 자산으로 인정하는 것도 아니다. 아무런 법적 실체가 없다. 따라서 과세 대상도 아닌 것이다. 암호화폐 거래소도 금융회사가 아니기에 설립에 제한이 없다. 다만, 과도한 투기 행위 등으로 금융시장을 어지럽히는 행위에 대해서는 불법적인 유사수신 행위로 간주하여 법적 제재를 가하고 있다.

이러한 인식과 방침 아래 정부는 2017. 9월 기술·용어 등에 관계없이 모든 형태의 ICO를 금지한다는 방침을 내놓았다. 이에 앞서 암호화폐 거래소에서 이뤄지는 신용공여 행위, 이른바 마진 거래를 전면 금지하였다.

여기에 과다한 투자 열풍 우려까지 제기되면서 정부의 암호화폐에 대한 시각은 한층 더 부정적으로 되어갔다. 그 동안은 암호화폐를 금융의 문제로 인식하고, 금융위원회가 중심이 되어 '가상통화 관계기관 합동 태스크포스™' 회의를 개최해 왔다. 그러나 이제는 아예 주관 부처를 법무부로 변경하였다. 이는 결국 암호화폐를 금융문제라기 보다는 사회를 어지럽히는 투기 내지 범죄행위의 시각에서 다루겠다는 의도라고 하겠다.

이후 정부는 2017.12월 두 차례에 걸쳐 '가상통화 거래에 대한 규제대책'을 마련·발표하였다. 이에 의하면 미성년자와 외국인의 신규 거래를 불허했다. 또한 금융회사가 암호화폐를 보유·투자하거나 담보로 잡는 것도 금지하기로 했다. 거래실명제를 도입하여 은행이 입출금 과정에서 이용자를 확인하고 이용자 본인 계좌에서만 입출금이 되도록 관리하기로 했다. 아울러 암호화폐 거래소에 대한 규제도 강화한다. 새 법을 만들어 투자자 보호와 거래 투명성을 확보하고, 기존 거래소의 약관이 소비자에게 불리한지 여부도 심사하기로 했다.

이러한 정부의 규제강화 방침은 2018년 들어서도 이어지고 있다. 암호화폐 거래소 폐쇄 문제도 검토될 수 있다는 발표까지 나왔다.

암호화폐 거래 실명제의 흐름도

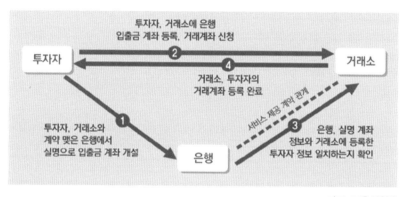

자료; 금융위원회

암호화폐 세계 대전에의 적극 대응

정부가 투자자보호를 위한 대책을 마련하겠다는 의도에 대해서는 이견이 있을 수 없을 것이다. 그러나 정부는 아직도 암호화폐를 법적실체가 전혀 없는 존재로 취급할 따름이다. 거래소도 금융기관이 아니라 통신판매업자로 취급하고 있다. 여기에 암호화폐 가격은 국제 시세보다

20~50% 더 높은 이른바 '김치 프리미엄'까지 붙어 거래되고 있다. 이처럼 투자열풍이 과도하게 일어나고 있는데 반해 정작 암호화폐 거래소에 대한 관리는 허술하여 많은 투자자들이 피해를 보고 있는 실정이다.

더욱이 신기술인 블록체인에 대한 육성계획이 전혀 없다. 반면, 국제 사회에서는 암호화폐와 블록체인 기술을 4차 산업혁명 시대를 견인할 신 기술내지 산업으로 간주해 투자를 확대해 나가고 있다. 이러한 시대적 조류를 무시한 채 규제 일변도의 시책을 추진할 경우 자칫 우리만 4차 산업혁명 시대의 낙오자가 될 우려가 없지 않다.

따라서 투자자보호, 그리고 유망 신기술과 산업의 육성이라는 두 가지 과제가 적절한 균형점을 찾아야 한다. 또 우리는 지금부터라도 이미 시작된 암호화폐를 통한 세계 화폐전쟁에 적극 대처해나가야 한다. 그리고 새로운 금융위기 발생가능성에 대해서도 사전준비를 철저히 해나가야 한다. 이와 함께 블록체인 기술육성을 통해 21세기 신기술 축적에도 힘을 기울여야 한다. 아울러 암호화폐가 지닌 장점을 최대한 살리면서 암호화폐가 법정화폐와 공존할 수 있는 방안도 강구해 나가야 할 것이다.

10. 암호화폐의 미래

급증하는 관심

비트코인 및 알트코인이 만들어내는 암호화폐 시장은 날이 갈수록 커져가고 있다. 이들 암호화폐는 기존 법정화폐가 지닌 인플레 우려, 휴대의 불편성, 적지 않은 환전 수수료 등의 한계들을 해소시켜 주는 측면이 있어서 빠른 속도로 인기를 얻게 되었다. 여기에 투자 가치와 미래 발전 가능성 또한 큰 편이다. 실제 미국이나 일본의 경우 비트코인을 화폐처럼 사용할 수 있는 사례가 늘고 있다. 특히 일본은 정부가 비트코인을 화폐로 인정하였다. 미국에서도 비트코인이 통용되는 매점이 늘어나고 있으며 부동산 매매가 가능한 플랫폼도 생겨났다.

제도 금융권에서도 암호화폐 시장에 대한 관심이 커지고 있다. 다수의 글로벌 은행들은 자체 디지털화폐 개발을 추진 중이다. 스위스 최대은행 UBS는 독일 도이치뱅크, 스페인 산탄데르은행, 미국 뱅크오브뉴욕멜론 등과 함께 '유틸리티 결제코인'을, 시티그룹은 자체 가상화폐인 '시티코인'을 개발하고 있다. 이 외에도 골드만삭스, JP모건도 암호화된 디지털화폐 개발 프로젝트를 추진 중이다. 아이러니하게도 JP모건 회장은 비트코인에 대해 사기라며 극언을 퍼부었지만 정작 JP모건 은행은 회장의 발언 이후 비트코인 가격이 조정을 받자 대량의 비트코인 관련 상장지수증권ETN을 사들였다.

IT기업을 위시한 기업들의 관심과 투자 또한 늘어나고 있다. 대표적인 사례가 반도체 기업 인텔을 비롯해 마이크로소프트, JP모건, 도요타, 삼성SDS 등 86개 기업이 '기업 이더리움 연합EEA, Enterprise Ethereum Alliance'을 결성한 것이다. 이들은 스마트 계약을 활용한 암호화폐 이더리움의 미래 가능성에 주목했기 때문이다.

법정화폐로 인정받기 위한 과제

그러나 암호화폐는 아직 대부분의 나라에서 법정통화로서 인정받지 못하고 있다. 결국 암호화폐의 실용성과 가치는 사용처가 얼마나 많이 확대되는지, 그리고 시장에서 얼마나 통용되는지 등에 좌우될 것이다. 더욱이 이러한 암호화폐 시장의 활성화 이면에는 개인 정보와 사생활 보호 문제, 돈 세탁 등 범죄의 악용 가능성, 국제간 자금 이동 및 통화 관리상의 문제 등 해결해야 할 과제들이 산적해 있다.

그러면 앞으로 암호화폐가 법정통화로 인정받고, 나아가 기존의 법정화폐를 대체할 수 있기 위해서는 어떤 난관을 헤쳐 나가야 할지에 대해 알아보자.

우선, 가격 변동성 완화 등을 통해 안정적 통화로 인식되도록 하는 신뢰성 확보 문제이다. 아직도 암호화폐의 대표격인 비트코인도 급격한 가치 등락의 위험성이 존재한다. 2017년 중에만 비트코인 가격이 20% 이상 급등락하는 현상이 5~6 차례나 벌어졌다. 또 비트코인은 분산화된 시스템을 장점으로 내세우고 있지만, 중국계 마이닝 풀의 채굴량이 세계 전체의 80% 이상에 달하는 등 채굴과 거래를 특정 국가와 집단이 독과점하고 있는 것도 걸림돌이 된다.

둘째, 보안 이슈이다. 그동안 수많은 암호거래소들이 해킹을 당해 투자자들이 피해를 보는 사건이 발생했으며, 지금도 이 문제는 진행 중이다. 다만, 전문가들은 이는 거래소 서버의 안정성 문제이지 블록체인 기술의 문제는 아니라는 입장을 보이고 있다. 그러나 일반 투자자들은 이러한 사고들로 인해 암호화폐를 기피할 수가 있다. 이와 함께 암호화폐 저장소의 비밀번호를 잊어버리면 영영 돈을 찾을 수 없는 사태가 발생할 우려도 있다. 또 최근에는 실체가 없는 가짜 암호화폐로 투자자들을 모집해 돈을 갈취하는 사기도 기승을 부리고 있어 유의해야 한다.

셋째, 암호화폐는 아직까지 소수만 사용하고 있기 때문에 유동성 측면에서 통화의 기능을 다하지 못한다는 지적이다. 실시간으로 환율이 변동되기 때문에 결제 시기에 따라 지급 금액이 달라진다는 점도 불편함으로 제기되고 있다.

어떤 화폐가 화폐의 기능을 하려면 널리 통용되어야 한다. 그런데 현시점에서는 암호화폐가 기존의 법정화폐를 뛰어넘어 널리 통용될 요인이 적다. 비트코인을 받는 상점들이 늘어나고 있기는 하지만, 아직은 랜섬웨어 등 불법 해커, 도박과 마약 거래 등 불법적인 뒷거래를 위한 검은 돈 세탁용으로 주로 쓰이고 있는 실정이다. 더욱이 가치 변동이 심하다 보니 더 널리 쓰이기 힘들다는 악순환이 존재한다.

이를 뛰어넘으려면 기존 법정화폐가 만족시키지 못하는 수요를 충족시켜야 한다. 이와 동시에 암호화폐 결제 시스템을 만들기 위해 필요한 비용보다 도입으로 인한 이득이 더 커야 한다. 따라서 경제활동에 참여하는 다수의 시민 및 기업이 암호화폐를 일상적으로 사용하도록 만드는 어떤 임계점에 도달하지 못하면 암호화폐의 미래는 불확실하다. 물론 기존화폐의 보완재 역할을 할 수 있을 것이라는 견해도 있다. 해외 송금, 소액 결제서비스 등 기존 화폐 사용으로 지불해야 하는 불필요한 비용과 시간을 줄일 수 있는 새로운 지급 수단이 될 수 있다는 것이다.

넷째, 암호화폐의 발전은 앞으로 중앙은행의 통화정책 수행에도 영향을 미칠 수 있다. 암호화폐의 사용이 늘어날수록 민간의 현금 보유 비율의 감소, 통화승수 증대, 중앙은행의 역할 축소 등 통화정책의 유효성에 악영향을 미칠 가능성이 있다. 더구나 암호화폐는 자유로이 국경을 넘나들고 있어 외환관리 면에서도 어려움이 가중될 가능성이 있다. 그리고 국가 간 결제 규모의 급증과 각국 결제시스템 간 상호의존성이 심화됨에 따라 결제 장애와 리스크 확대 등의 문제가 유발될 수 있다. 이런 문제에 대해 각국의 중앙은행들은 상호 공조와 협력을 통해 해결책을 마련해 나가야 할 것이다.

실제로 세계 각국의 중앙은행들은 기존 암호화폐를 대체하는 디지털 화폐의 개발에 많은 관심을 보이고 있다. 지금처럼 비트코인과 같은 암호화폐 보급이 확대되면 중앙은행이 발행하는 화폐의 영향력이 줄어들고 금융정책에 파장을 미칠지 모른다는 위기감에서다. 이런 움직임은 암호화폐 전반에 큰 변화를 예고하고 있다. 가장 먼저 나선 나라는 러시아이다. 러시아 정부는 2017. 10. 16일 블록체인 기술을 도입한 국영 암호화폐 '크립토루블CryptoRuble'을 발행하겠다고 발표했다. 이는 채굴할수 없으며 또 정부 주도로 암호화폐를 공급하는 모델이다.

이 방면에서 러시아보다 더 적극적인 나라는 중국이다. 중국 중앙은행인 인민은행은 송금, 결제 등 법정 디지털화폐 유통에 필요한 실험을 끝낸 데 이어 공급을 규제하는 기본 모델도 설계했다. 정부 손길이 닿지 않는 암호화폐를 통제 가능한 법정 디지털화폐로 대체하려는 포석이다. 이는 중앙집권형 디지털화폐로 민간에서 유통되는 기존의 암호화폐와는 달리 위안화와 같은 법적 지위를 갖게 될 것으로 관측된다.

일본 중앙은행도 금융회사와의 당좌예금 교환 등에 한해 디지털화폐를 도입하는 방안을 모색하고 있다. 유럽의 주요 중앙은행들도 이와 유사한 움직임을 보이고 있다. 스웨덴 중앙은행은 디지털화폐 e크로나를,

에스토니아는 에스토코인을 2018년 중 각각 발행할 계획을 발표하였다. 네덜란드와 캐나다, 영국 중앙은행도 디지털화폐 발행과 관련한 연구를 시작했다.

🅦🅑 암호화폐의 잠재력

이처럼 아직까지는 암호화폐에 대한 논란이 적지 않게 제기되고 있는 것이 사실이다. 그럼에도 불구하고 암호화폐가 가져올 시장 혁신, 분권화와 민주화 등은 분명히 제고되어야 할 부분이다. 실제로도 미국, 일본, 독일 등 세계 주요국들은 암호화폐의 활용도를 확대해 나가고 있다. 더욱이 블록체인 기술 발전 가능성은 무궁무진하여 다가올 인공지능AI 시대를 열어나갈 핵심 기술로 기대되고 있다.

크리스틴 라가르드 IMF 총재는 "세계 각국의 중앙은행들과 금융당국이 암호화폐에 대해 진지하게 고민할 시점이다. 암호화폐는 사기 이상의 뭔가를 지니고 있다"고 말했다.

애플 공동 창업자인 스티브 워즈니악은 미국 달러나 금보다 비트코인이 더 낫다고 주장했다. 그는 "통화는 가치가 희석되지 않는 것이 중요하다. 정치적인 이유로 언제 더 찍어낼지 모르는 달러는 가짜kind of phony인 반면, 명확하게 숫자가 한정된 비트코인이 진짜이고 실재한다genuine and real. 그리고 수학적으로 정확하게 공급량이 정해져 있는 비트코인이 매장량을 정확히 추정할 수 없는 금보다 훨씬 낫다"고 말했다.

빌 게이츠 마이크로소프트 회장도 "비트코인은 화폐보다 낫고 주고 받기 위해 만날 필요가 없다. 비트코인이 테러 활동이나 돈 세탁과 전혀 관계가 없다는 걸 증명해줄 기술 역시 개발될 것이다."라고 말했다. 페이팔의 창업자인 피터 틸 또한 비트코인의 잠재력에 대해 언급했다. 그는 "비트코인이 사이버 금에 그친다고 할지라도 엄청난 잠재력이 있다. 사람들은 비트코인을 과소평가하고 있다."고 강조했다.

비트코인의 세계

1. 비트코인의 탄생과 특성

🪙 비트코인의 탄생과 배경

비트코인은 사토시 나카모토Satoshi Nakamoto라는 필명을 쓰는 개발자에 의해 고안돼, 2009년 1월부터 발행되기 시작한 암호화폐의 하나다. 가장 먼저 고안된 암호화폐로 전 세계 암호화폐 상장 시가총액의 40% 정도를 차지하고 있다. 또한 비트코인은 오픈 소스로 모든 프로그램 코드가 공개되어 있다.

'오픈 소스open source'란 소프트웨어 혹은 하드웨어 제작자의 권리를 지키면서 원시 코드를 누구나 열람할 수 있도록 한 소프트웨어를 말한다. 이 때문에 단순히 이름만 바꾼 아류 화폐부터 비트코인이 가지고 있는 근본적인 문제점을 해결한 화폐까지 수많은 암호화폐를 만들어내는 데 기여하였다.

이런 이유들로 인해 흔히 비트코인을 암호화폐의 기축통화라고 한다. 법정통화의 세계에서 달러가 기축통화로서 지대한 영향력을 행사하듯,

암호화폐 시장에서 비트코인이 차지하는 위치가 그만큼 커다는 것을 의미하는 것이다.

사토시는 2008년 논문을 통해 "P2P 네트워크 사용, 중앙기관 배제, 참여자 익명성 보장" 같은 원칙을 밝혔다. 이처럼 비트코인은 P2PPeer to Peer 개인 대 개인, 네트워크, 해시hash, 암호화, 작업증명proof of works 등의 기술을 다차원적으로 종합하여 만든 프로그램이며 이 프로그램 안에서 통용되는 암호화폐를 통상 '비트코인'이라고 칭한다.

비트코인은 거래와 거래 기록, 그리고 발행량 조절을 모두 수학적으로 연결해 두었다. 또 모든 사용자가 거래 내용이 기록된 장부를 가지고 있어 장부를 조작할 수도 없고 비트코인을 이중으로 사용할 수도 없다. 이처럼 비트코인 시스템은 거래와 거래 기록, 그리고 발행량 조절을 모두 수학적으로 연결해 안전한 화폐 구조를 만든 최초의 수학기반 화폐이다. 따라서 비트코인을 얻고자 하는 사람은 컴퓨터를 이용해서 암호 문제 풀이에 도전해야 한다. 수많은 계산과 검토 끝에 문제를 푸는 사람이 비트코인을 얻게 된다.

비트코인의 특성

비트코인도 암호화폐의 하나이기 때문에 중앙기관 배제와 익명성이라는 특성을 지니고 있다. 특정한 발행 또는 관리 주체 없이 P2P를 기반으로 거래가 이루어진다. 'P2P_{Peer to Peer}'란 인터넷으로 다른 사용자 컴퓨터에 접속해 파일을 교환·공유할 수 있는 서비스를 뜻한다. 즉 P2P는 서버나 클라이언트 없이 개인 컴퓨터 사이를 연결하는 통신망으로 연결된 각각의 컴퓨터가 서버이자 클라이언트 역할을 하며 정보를 공유한다.

따라서 참여하는 사용자들이 주체적으로 화폐를 발행하고 거래 내역을 관리하게 되는데, 이때 우려되는 거래 시의 이중지불과 변조행위를 방지하기 위하여 '블록체인_{block chain}'을 사용한다. 이와 함께 비트코인을 얻으려면 우선 전자지갑_{wallet}을 인터넷상에 개설해야 하는데, 개설 과정에 별다른 개인 정보를 요구하지 않기 때문에 예금주에 대한 익명성이 보장된다. 또 여러 개의 지갑을 만들어 쓸 수 있기 때문에 거래를 할 때마다 다른 지갑 주소를 사용하면 익명성과 보안성은 더 강화될 수 있다. 다만, 암호화폐 거래소에서 실명을 요구하고 있어 점차 익명성의 강도가 줄어들고 있기는 하다.

무엇보다도 비트코인의 가장 큰 특성은 중앙은행이 무제한 찍어낼 수 있는 기존 화폐와 달리, 발행량이 2,100만 비트코인으로 제한되도록 개발자에 의해 처음부터 프로그램화돼 있다는 데 있다. 미국이 양적 완화로 달러를 계속 풀면서 기존 화폐에 대한 불신이 비트코인 인기의 한 배경이 되고 있다. 비트코인을 얻는 방법은 금을 캐는 것처럼 직접 채굴_{mining} 하는 방법과 기존 화폐를 주고 미국, 중국, 일본, 한국 등에 있는 거래소에서 사들이는 방법이 있다. 채굴은 비트코인의 발행 행위라고 할 수 있으며 암호를 푼 후 결과 값을 네트워크 참여자와 공유하게 된다. 이때 51% 이상의 참여자가 해당 거래 내역을 공유하게 되면 블록에 등록되게 되고 비로소 채굴에 따른 보상을 얻게 된다.

2009년부터 나오기 시작한 비트코인은 2017년 12월 기준으로 대략 1,670만 비트코인이 발행되었다. 따라서 앞으로 약 430만 비트코인을 캐면 더는 캘 비트코인이 없다. 전문가들은 2,100만 비트코인이 전부 발행되는 시점을 대략 2050년경으로 예상하고 있다. 세계 통화로 사용되기는 턱없이 부족한 숫자이기는 하나 비트코인은 소수점 8자리까지 나눌 수 있게 설계됐다. 비트코인의 가장 작은 단위는 창안자인 사토시 나카모토를 기념하기 위해 '사토시satoshi'라는 단위로 불린다.

1 BTC : 비트코인, bitcoin

0.01 BTC : 1cBTC 센티코인, Centicoin

0.001 BTC : 1mBTC 밀리코인, millicoin

0.000001 BTC : 1µ BTC 마이크로코인, microcoin 또는 비츠, bits

0.00000001 BTC : 1 satoshi 사토시, satoshi

이에 따라 결과적으로 비트코인은 21,000,000×100,000,000 = 2,100조 사토시가 유통될 수 있다. 또한 많은 사람들이 오해하는 것과 달리 비트코인의 최소 단위가 소수점 아래 8자리인 것이 비트코인의 본질적인 제약은 아니다. 더 많은 돈이 필요한 때가 되면 거래 프로토콜을 고쳐서 자릿수 제한을 늘리는 것이 가능하다. 현재 이루어지고 있는 비트코인 분할, '세그윗Segwit'도 이런 차원에서 이루어진 방식의 하나라 할 수 있다.

 비트코인의 발전 과정

비트코인은 등장하면서부터 커다란 인기를 끌었다. 특히 동북아시아 지역에서 관심과 인기가 높았다. 일본에서는 2010년 세계 최초의 비트코인 거래소인 마운트곡스Mt.Gox가 설립됐으며 중국은 세계 최대의 채굴량과 거래량을 지닌 국가로 부상하였다. 우리나라 또한 비트코인 투기 열풍이 불고 있다. 비트코인을 포함한 암호화폐의 하루 거래량이 코스닥시장 규모를 능가하는 수준이다.

날이 갈수록 비트코인을 결제 수단으로 받아들이는 비즈니스 업체들이 늘어나고 있다. 현재 세계 최대 온라인 쇼핑몰인 아마존과 미국의 온라인 음식 주문 사이트인 푸들러를 비롯해 다양한 곳에서 비트코인으로 상품을 구입할 수 있다. 캐나다에서는 비트코인을 현금으로 바꿔서 인출할 수 있는 현금자동입출금기ATM를 세계에서 가장 먼저 등장시켜 오프라인에서도 비트코인을 자유롭게 사용할 수 있도록 하였다. 이후 ATM 설치 숫자가 점차 늘어나 지금은 2천개에 이르고 있다. 또 자동차와 부동산 매매 대금을 비트코인으로 받는 곳도 있다. 아직 세계 모든 곳에서 쓰이는 것은 아니지만 음식에서부터 자동차와 집까지 비트코인으로 못 사는 게 없는 셈이다.

하지만 그와 비례해 논란도 많고 부침도 심하다. 한때 세계 최대의 비트코인 거래소이던 마운트곡스Mt.Gox는 2014년 2월 파산했으며 CEO가 시스템을 임의로 변경해 잔액을 부풀린 혐의로 체포되기도 했다. 거래소가 랜섬웨어ransomware 등 불법 사이버 단체로부터 해킹을 당해 투자자들이 피해를 입는 사태가 수시로 일어났고 지금도 여전하다. 해킹사태가 빈번히 벌어지면서 투자가들이 피해를 보게 되자 각국의 비트코인 거래소는 해킹 방지를 위한 보안비용 부담 때문에 배보다 배꼽이 더 커질 지경이다.

지나친 투기에 대한 우려도 나오고 있다. 투기적 수요는 버블이 언제나 그렇듯 투자자 심리 변화에 크게 좌우되니 폭등한 만큼 폭락할 가능성이 상존한다. 세계 최대의 비트코인 보유국인 중국에서는 지나친 투기 과열을 이유로 비트코인 거래를 금지하는 조치를 내리기도 하였다.

이처럼 여러 가지 문제가 발생하게 되자 각국은 비트코인에 대한 법적·제도적 장치를 마련해 나가고 있는 중이다. 한편으로는 투자자 보호와 불법거래수단으로 활용되지 않도록 하는 방안을 강구하고 있다. 또 다른 한편으로는 비트코인을 제도금융권 범위 안으로 끌어들여 법정화폐를 대체하는 하나의 지불수단으로 인정하고 아울러 양도세 등 세금 부과 대상으로도 검토하고 있는 중이다.

🪙 비트코인을 둘러싼 낙관론과 비관론

비트코인의 장래에 대해서는 낙관론과 비관론이 나눠지고 있다. 낙관론자로는 라가르드 IMF 총재와 벤 버냉키 전 미국 연방준비이사회FRB 의장, 그리고 애플의 공동 창업자인 스티브 워즈니악, 빌게이츠 마이크로소프트 회장 등이 있다. 이들은 비트코인 등 암호화폐가 기존의 법정화폐가 지닌 한계, 예를 들면 인플레 우려 등을 불식시켜줄 뿐만 아니라 기술적으로도 앞서있다고 평가한다. 또 경제권력의 분권화와 민주화를 가져올 수도 있을 것이라고 주장한다.

반면 비관론자들로는 제이미 다이먼 JP모건 회장, 워린 버핏 등 월가의 대표적인 투자가들이 있다. 이들은 암호화폐란 실체가 없는 그야말로 허구에 불과하며 언젠가 거품이 꺼지는 날, 하루아침에 그 존재가 소멸할 것이라는 주장을 펴고 있다. 노벨 경제학상 수상자인 미국 컬럼비아 대학 교수 조지프 스티글리츠Joseph Stiglitz도 비관론자 중의 한 사람이다.

이러한 다양한 견해들을 종합해보면, 비트코인 등 암호화폐가 지닌 장점들을 잘 살려나갈 경우 최소한 법정화폐의 보완재 역할은 할 수 있을 것으로 예상된다. 그리고 비트코인이 개발한 블록체인 기술은 4차 산업혁명시대를 견인할 신기술 내지 산업으로 간주되고 있다. 이를 간과해서는 안 될 것이다.

암호화폐의 경제학

2. 비트코인의 작동 원리

컴퓨터 프로그래밍의 산물인 비트코인은 실체적 개념이 존재하지 않는다. 그 어느 경우에도 비트코인이라는 존재가 A의 계좌에서 B의 계좌로 이동하는 경우는 없으며 단순히 해당 계좌들의 숫자를 증액하거나 감액하는 원장 정리 개념만이 존재할 뿐이다. 그러한 원장 정리 내용은 모두에게 동일하게 공유된다. 따라서 각자가 가진 원장 모두가 원본이 된다는 무신뢰 거래trustless settlement가 비트코인 원장의 핵심 개념이다.

그리고 비트코인을 얻고자 하는 사람은 컴퓨터를 이용해서 암호문제 풀이에 도전해야 한다. 이를 흔히 '채굴mining'이라고 한다. 문제풀이 경쟁 끝에 암호화된 10분 동안의 거래 기록을 풀어낸 사람은 그 내용을 장부에 기록하고 모든 비트코인 프로그램 사용자들에게 발표한다. 그리고 새로 발행된 비트코인을 받게 된다. 현재 12.5비트코인과 거래 수수료를 합친 금액을 받게 된다.

이런 의미에서 채굴자들이란 장부를 기록하는 역할과 함께 화폐를 발행하는 사람을 뜻한다. 그래서 비트코인은 화폐 제조 권한을 중앙은행에 독점시킨 것이 아니라 여러 채굴자들에게 분산했다고 말하는 것이다.

🪙 채굴과 거래의 첫 단계, 지갑의 생성

비트코인을 채굴하고 거래하려면 우선 지갑을 만들어야 한다. 지갑이란 비트코인을 보관하면서 새로이 주소를 생성해 비트코인의 거래를 할 수 있는 프로그램이다. 한 마디로 비트코인 관리도구인 셈이다. 거래자는 여러 개의 지갑을 생성해 여러 개의 주소를 분류·관리할 수도 있다. 비트코인 주소에는 소유자에 대한 정보가 포함되지 않아서 익명성을 갖고 있다. 지갑에 접근하기 위해서는 아이디와 비밀번호를 입력하는 절차를 거쳐야 하지만 지갑을 만들 때 공인을 받아야 하는 것은 아니다. 따라서 지갑의 생성으로 비트코인의 익명성은 감소하지 않는다.

지갑을 생성하면 주소를 의미하는 공개키와 비밀번호를 의미하는 개인키Private Key가 나온다. 지갑 주소는 계좌번호와 같은 것으로, 이를 상대방에게 알려주어 송금을 할 수 있다. 비공개키라고도 불리는 개인키는 소유자만이 지니며 이를 모를 경우 절대 비트코인에 접근할 수 없다. 또 이것을 다른 사람이 알게 되면 비트코인을 다른 지갑으로 가져가버릴 수 있다. 따라서 개인키 관리를 잘 해야 한다.

개인키는 보통 서명signature으로 비유되어지고 있다. 따라서 서명을 할 수 있는 자격이 있는 개인키의 소유자가 결국 특정 비트코인 블록의 소유자가 된다. 하지만 개인키에는 다른 전자서명이나 오프라인의 서명과 달리 소유자에 대한 정보가 포함되지 않아 거래의 익명성이 보장되고 있으며 개인키는 모든 비트코인 블록끼리 수학적으로 연결돼 있다.

비트코인이 지닌 블록체인 기술과 P2P 네트워크 등의 속성으로 비트코인 자체의 변조나 위조는 있을 수 없다. 그러나 지갑에 접근할 수 있는 아이디나 비밀번호를 절취당하거나 분실할 경우 비트코인까지 절취당하고 분실할 수 있다. 실제로 지갑을 해킹해 금전을 요구하는 사례가 발생하고 있다. 따라서 지갑 기능의 핵심은 보안성인데 개인키가 인터넷에 노출되지 않을수록 보안성은 좋아진다.

비트코인은 보통 컴퓨터 내에 보관해 두는 것이 일반적이나 최근에는 보다 안전하게 보관하기 위하여 오프라인 저장소인 '콜드 스토리지cold storage'를 활용하기도 한다.

🪙 비트코인의 채굴과 블록체인 연결

전자지갑이 생성되면 다음으로는 채굴 과정을 거친다. 비트코인은 사용자들에 의해 직접 발행이 되는데, 이를 '채굴mining'이라고 부른다. 기술적으로 설명하면 끊임없는 해싱작업을 동한 '목표값target value' 이상의 해시hash값 찾기로 정의할 수 있다. '해싱hashing'이란 데이터를 무작위로 정해진 길이의 문자열로 치환시키는 것으로, 쉽게 말하면 암호를 풀어 암호값을 발견하는 과정이라 할 수 있다.

이 해시함수라는 암호화 기술은 두 가지 특징이 있다.

첫째, 조금만 다르게 입력해도 예외 없이 완전히 다른 값을 출력하게 된다. 그래서 해시를 대조하여 입력값 변형 여부를 쉽게 알 수 있다.

둘째, 해시함수는 그 역함수가 존재하지 않기 때문에 결과값에서 입력값을 추론할 수가 없다. 해독을 고려하지 않은 암호방식인 것이다. 이에 따라 이 값을 얻으려면 행운을 바라는 주사위 던지기처럼 컴퓨터를 돌리는 반복작업을 해야 한다.

채굴에 참여하는 모든 사용자들은 목표값을 찾기 위한 경쟁을 벌인 끝에 특정한 사용자가 목표값에 해당하는 해시값을 찾는데 성공하면 '블록block'이 발행된다. 그리고 이렇게 구한 블록의 해시값이 직전 블록의 해시값과 일치하면 블록체인으로 연결된다. 결국 블록체인이란 채굴을 마친 비트코인 블록의 해시값을 확정함과 동시에 다음에 누군가 채굴할 비트코인 블록의 해시값을 찾는 과정이라고 하겠다.

블록체인 구조

자료: www.ybrikman.com

암호화폐의 경제학

채굴을 통해 만들어진 블록 정보와 거래 내역은 모든 사람들에게 공개된다. 이때 정보를 모으는 집단을 '노드nod'라고 하며 유효한 정보만을 통합하는 프로그램을 '블록체인blockchain'이라고 한다. 다시 말해 노드란 비트코인 블록 정보와 거래 내역을 모으는 네트워크의 각 수집 사이트라 할 수 있다. 블록 정보나 거래 내역은 채굴이나 거래가 발생할 경우 모든 노드에게 전달되며 노드들은 경쟁적으로 전달 받은 블록 정보나 거래 내역을 업데이트한다. 그리고 각 노드들에서 수집한 블록 정보나 거래 정보를 근거로 그 중에서 공인된 정보를 업데이트하는 프로그램이 바로 블록체인이다. 결국 이 블록체인의 연합은 하나의 거래 장부가 되는 것이다.

이 과정에서 중요한 문제는 누가 거래 장부를 기록할 것인지 여부이다. 비트코인은 누구나 장부 조회를 할 수는 있지만 장부 기록은 제한을 둔다. 10분 동안 이루어진 거래 내역을 모아 검증작업을 한 사람에게 기록할 권한을 준다. 거래원장에 삽입하기 위해 블록의 해시를 찾은 사람들에게 그 권한을 주는 것이다. 권한을 가진 노드가 블록 정보를 다음에 채굴될 블록의 해시값으로 업데이트함으로써 블록체인이 형성된다. 그리고 한번 연결된 블록의 거래 기록은 수정 불가능하며 이런 과정이 반복됨으로써 블록체인 형성이 계속되는 것이다. 이와 함께 거래 장부도 계속 업데이트되어진다.

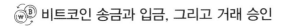# 비트코인 송금과 입금, 그리고 거래 승인

끝으로 거래 과정을 알아보자. 비트코인 거래란 지갑과 지갑 사이 즉 주소와 주소 간에 이동시키는 것을 뜻한다. 그리고 이 거래 내역은 블록체인 사이트에 모두 공개된다. 누군가 A주소의 비트코인을 B주소로 이체하기 위해 이체 거래를 신청하고 자신의 개인키로 서명해 네트워크에 전파하면 '이체 신청Transaction'이 끝난다.

이를 수신자가 자신이 발행하는 블록에 삽입하여 넣고 이를 전파하면 '이체 확인Confirmation'이 된다. 이는 이 비트코인이 당신에게만 지불된 것이고 이제는 당신의 소유라는 것을 네트워크가 합의하는 것을 의미한다. 마지막으로 수신자가 이체 내역을 승인하면 그것이 '이체 확정Settlement'이 된다.

이 거래 과정은 그동안 보통 10분 이내였다. 비트코인은 디지털로 이루어져 있기 때문에 얼마든지 복사나 변조가 발생할 수 있다. 이를 막기 위해 블록체인상에서 기존의 거래 내역과 새로 만들어진 내역을 서로 검증하는 승인confirmation 작업을 거치게 된다. 그런데 비트코인 거래가 폭발적으로 늘어나면서 이 승인 속도가 느려지고 이에 따라 거래 과정이 10시간 이상 걸리는 경우도 일어나고 있다. 이에 따라 거래를 신속히 처리하기 위해서는 급행료를 추가로 지불해야만 한다. 이런 것들로 인해 사용자들의 불만이 제기되고 있는 상황이다. 현재 진행 중인 블록체인의 용량 증대 문제도 결국 이를 시정하기 위한 방안으로 나온 것이다.

비트코인 거래 흐름도

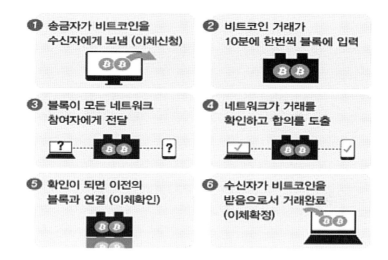

자료: 한국은행 분산원장 기술의 현황 및 주요 이슈(2016)

중복 사용의 문제 해결

채굴과 거래 과정에서 우려되는 가장 큰 문제는 중복 사용의 문제이다. 일반 파일은 여러 사람에게 보내도 상관없지만 디지털화된 돈을 복사해서 여러 곳에 사용하는 일이 일어나서는 안 될 것이다. 우리가 은행 같은 중개기관을 통하는 이유는 바로 이런 부도의 위험을 없애기 위해서다. 또 비트코인 정보를 담고 있는 노느나 블록체인에 득정 블록에 내한 정보가 2개 이상 전송되는 경우 노드나 블록체인은 이를 어떻게 처리할 것인가 하는 문제도 생길 수 있다.

이런 '중복 사용double-spending'의 문제를 흔히 '비잔틴 장군들의 고민

The Byzantine Generals Problem'이라고 한다. 비잔틴시대에 각 군영 사이의 연락병 중에서 배신자가 잘못된 정보를 퍼뜨리는 문제를 말한다. 비트코인이 지닌 중복 사용 방지책은 이러하다.

첫째, 각 채굴과정에서 만들어지는 비트코인 블록은 일련의 암호화 함수로 체인처럼 연결되어 있다. 따라서 하나의 블록만을 빼내어 위조하기는 불가능하다. 만일 위조를 하려면 전체 블록을 모두 위조해야 하는데 블록 수가 수십만 개 정도라는 점을 감안하면 사실상 불가능하다. P2P 네트워크가 활용되고 있는 점도 위조를 불가능하게 한다. 위조를 하려면 파일을 공유한 모든 사람들의 동의가 필요한데 이는 사실상 불가능한 것이다.

둘째, 한 사람이 자신의 비트코인을 두 곳 이상 보낼 때를 대비해 'The longest chain wins' 원칙이 적용되고 있다. 거래 내역은 모두 모든 노드에 제공되는데 각 노드에서는 먼저 도달한 거래 내역만 저장하고 나중에 도달한 것은 저장하지 않는다. 그리고 노드들끼리 저장된 정보가 다를 때는 가장 긴, 즉 가장 높은 번호가 있는 블록체인만을 공식적으로 채택한다. 따라서 이용자나 노드는 네트워크에서 중간에 이탈하더라도 문제는 없다. 재접속했을 때 가장 높은 번호가 있는 블록체인longest block chain을 근거로 다시 업데이트 작업을 하면 되기 때문이다.

셋째, 은행 없이 송금결제가 가능한 암호기술이 전자서명이다. 비트

암호화폐의 경제학

코인을 지갑과 지갑 사이로 이전시킬 때는 이중지불을 방지하기 위해 반드시 거래 내역을 전자서명하여 블록체인에 추가한다. 비트코인을 보내는 사람은 거래 내역을 자신의 개인키_{인터넷의 password 역할}로 암호화된 디지털 서명을 받는 사람에게 보낸다. 받는 사람은 보내는 사람의 공개키_{인터넷의 ID 역할}로 디지털 서명을 해독해 전송 과정에서 위조나 변조가 없었는지 확인한다.

3. 채굴 원리와 보상방식

비트코인을 얻을 수 있는 방법은 두 가지다. 하나는 직접 발행하는 방법이며 다른 하나는 기존 화폐를 주고 미국, 중국, 일본, 한국 등에 있는 거래소에서 사들이는 방법이 있다. 이중 발행은 컴퓨터가 수많은 계산과 검토 끝에 고난위도의 수학 문제를 풀고 답을 구하는 과정이다. 이는 마치 지하에서 광물을 채취하여 얻을 수 있는 개념과 유사하다.

따라서 비트코인을 발행하는 과정을 '채굴mining'이라고 하며, 또 이런 연산작업을 전문적으로 수행하는 PC는 '채굴기'라고 부른다. 채굴장의 형태는 초기에는 개인 채굴자가 주종을 이루었으나 지금은 남들보다 답을 빨리 찾아 성공률을 높이기 위해 채굴자들이 힘을 합쳐 만든 채굴장 즉 '마이닝 풀mining pool'이 일반적이다.

🪙 해시함수를 통한 수학문제 풀이

암호화폐에 있어 채굴은 첫 시작이 되는 기본 작업이다. 채굴이 없으면 암호화폐도 없다. 채굴자들이 줄어들면 해당 코인의 거래를 담을 수 있는 블록이 만들어지지 않으며, 그러면 그 코인은 더 이상 거래되지 못한다. 따라서 채굴이 없으면 블록이 없고 비트코인도 없으며 암호화폐 또한 없다.

채굴이란 H(x)=y 함수에서 x를 계속 대입해서 답을 찾는 과정이라 할 수 있다. 그런데 x를 알면 y는 쉽게 알아낼 수 있지만 그 반대의 경우는 어렵다. y가 160비트라면 최대 2의 160제곱만큼 대입을 시도해야 한다. 이에는 엄청난 컴퓨터 전산 능력이 필요하고 또 전기가 소요된다. 이는 그만큼 채굴이 쉽지 않다는 것을 의미한다. 이처럼 비트코인을 얻고자 하는 사람은 컴퓨터를 이용해서 암호문제 풀이에 도전해야 한다. 문제 풀이 경쟁 끝에 암호화된 10분 동안의 거래 기록을 풀어낸 사람은 그 내용을 장부에 기록하고 모든 비트코인 사용자들에게 발표한다. 그리고 그 사람은 새로 발행된 비트코인을 받게 된다.

실제 비트코인 채굴 과정에서는 SHA-256이라는 해시hash함수가 사용된다. '해시함수'란 입력 데이터 x에 대응하는 하나의 결과 값을 일정한 길이의 문자열로 표시하는 수학적 함수이다. 그리고 입력 데이터 x에 대하여 해시 함수 H를 적용한 수식을 H(x)=y라 할 때, y를 해시값hash value이라 한다. 이때 해시값은 입력 데이터의 내용에 미세한 변화만 있어도 크게 달라진다. 현재 여러 해시함수가 이용되고 있는데, 해시값을 표시하는 문자열의 길이는 각 해시함수마다 다를 수 있지만 특정 해시함수에서의 길이는 고정되어 있다.

비트코인이 사용하는 '해시함수'는 어떤 숫자나 텍스트를 입력하면 256비트로 이루어진 2진수 값을 출력히는 함수다. 이는 비밀번호나 중요한 내용을 암호화하기 위해 사용되는 함수로 현존하는 방법 중에서 가장 우수한 것으로 인정받고 있다. 이러한 해시함수의 특징은 입력에서 출력으로 가는 과정은 순식간이지만 출력된 내용으로부터 입력된 내용을 거꾸로 유추하는 것은 거의 불가능하다는 점이다. 그리고 동일한 입력에 대해서는 언제나 동일한 값을 출력한다.

끊임없는 해싱작업과 컴퓨팅 파워

누군가 비트코인 채굴 작업을 시작하면 비트코인 공식사이트는 일정한 텍스트, 즉 SHA-256 해시함수에 입력될 내용을 전달해준다. 그러면 채굴 작업을 수행하는 컴퓨터는 전달된 내용을 해시함수에 넣고 실행한다. 이때 출력된 값이 공식적으로 정해져 있는 값보다 작으면 비트코인을 획득한 것이다.

하지만 비트코인 공식사이트에서 해시함수에 넣기만 하면 비트코인이 당첨되는 값을 보내줄 리가 없다. 그리고 그 값을 그대로 이용하면 언제나 동일한 결과만 출력될 것이다. 그래서 채굴 작업을 수행하는 컴퓨터에서는 해시함수를 실행하기 전에 공식사이트에서 보내준 텍스트에 임의의 텍스트를 추가한다. 출력되는 값을 다르게 만들기 위해서 함수에 입력되는 값을 바꾸어 보는 것이다. 이러한 임의의 텍스트를 '논스 nonce'라고 부른다.

이렇게 해시함수를 실행하는 과정은 무수한 시행 착오를 거치게 된다. 정말로 운이 좋다면 단 한 번에 원하는 값을 얻을 수도 있겠지만 그렇게 될 확률은 거의 없다. 결국 비트코인 채굴 작업은 이러한 임의의 텍스트, 즉 nonce의 값을 이리저리 바꾸어보면서 정해진 값보다 작은 해시값을 얻을 때까지 함수를 실행하는 과정을 의미한다. 원하는 값을 얻게 되었을 때 사용한 'nonce'가 비트코인을 얻기 위해서 필요한 '정답'에 해당한다.

이와 같이 채굴이란 근본적으로 끊임없는 해싱 작업이며 많은 컴퓨팅 파워를 가지고 있을수록 빠른 속도의 해싱이 가능하다. 즉, 컴퓨팅 파워 computing power를 많이 투입할수록 다른 경쟁자들보다 비트코인을 많이 받게 되는 구조다. 블록 발행 확률 즉 목표값 경쟁 승리 확률과 네트워크상에서 자신이 차지하는 컴퓨팅 파워 비율은 정확히 비례한다. 만일 누군가가 전체 투입 컴퓨팅 파워 중 50%를 점유하고 있다면 수학적으로 블록 생성 확률도 정확히 50%에 수렴한다. 이런 환경 속에서 채굴의 효율을 극대화하기 위해 성능이 우수한 채굴기가 개발되고 있으며 채굴장도 마이닝 풀mining pool로 전환되는 등 점차 시스템화 되어가고 있다.

III. 비트코인의 세계

ⓦⒷ 채굴에 대한 다양한 보상방식

이 어려운 채굴과정을 헤치고 나온 사람에게는 인센티브를 주게 된다. 엄청난 '작업work'으로 거래 내역을 검증했다는 사실을 '증명proof'했기 때문이다. 채굴에 대한 보상은 2009년 1월 첫 발행 시에는 50비트코인씩 발행 되었다. 그러나 4년 뒤인 2012년 말부터는 25비트코인으로 발행량이 줄었으며, 역시 4년 뒤 2016년 7월 10일에는 12.5 비트코인으로 줄었다. 이처럼 비트코인 발행량은 매 4년마다 계속 반으로 줄어든다. 이렇게 발행되는 비트코인의 총량이 2,100만개에 이르면 비트코인의 신규 발행은 종료된다.

한편, 채굴을 통해 보상을 받는 방식에는 몇 가지 다른 종류의 알고리즘이 있다. 즉 POWproof-of-work, 작업증명 방식, POSproof-of-stake, 지분증명 방식, POIproof-of-importance, 중요도증명 방식 등이다.

POW방식은 비트코인 등 대다수의 암호화폐가 채택하고 있으며 작업 증명에 필요한 암호화 해시 함수를 계산함으로써 그에 대한 대가로 암호화폐를 받는다. 다만, 이 방식은 고가의 컴퓨터 장비가 필요하기 때문에 대형 채굴자들에 의해 운영 권한이 독점될 가능성이 있고 또 채굴에 막대한 전기를 소비한다는 문제점이 있다.

POS방식은 암호화폐를 채굴할 때나 거래 수수료를 받을 때 각자가 이미 소유하고 있는 암호화폐량의 비율에 따라 지급받는다. 이더리움은 현재 POW방식을 채택하고 있지만 일정 단계를 지나면 POW의 문제점을 해소한다는 명분 아래 POS방식으로 전환할 계획을 가지고 있다.

NEM과 같은 암호화폐가 채택하고 있는 POI방식은 각자의 거래 실적에 따라 중요도를 계산하여 중요도가 높은 사람에게 더 많은 채굴 수입과 수수료를 지급하는 방식이다. 즉 활발히 거래를 할수록 시스템에서 중요도를 높게 평가함으로써 더 많은 수확량을 지급하는 알고리즘이다.

채굴장과 채굴 장비의 대형화와 고도화

암호화폐 열풍이 이어지면서 채굴장이 우후죽순 늘고 있다. 최근 암호화폐 채굴장이 빠르게 늘어나는 이유는 기본적으로 암호화폐 가격이 급등세를 보이고 있기 때문이다. 언젠가 암호화폐가 법정통화를 대체하거나 보완할 통화로 자리 잡을 것이라는 기대감도 작용하는 분위기다. 최근에는 세계 최대 채굴시장이던 중국이 규제를 강화하자 채굴장을 우리나라와 일본 등으로 옮기는 경우도 발생하고 있다.

그렇지만 돈이 된다고 해서 당장 채굴장을 차릴 수 있는 것은 아니다. 무엇보다도 성능이 우수한 채굴기를 확보해야 하는데 이에는 많은 비용이 필요하다. 컴퓨터를 통해 정해진 알고리즘을 따라 복잡한 해싱 작업을 반복적으로 수행해야 하기 때문에 반도체 칩의 성능이 채굴 효율과 직결된다. 채굴 시도가 많아지고 유통이 늘수록 공유해야 하는 정보와 연산 작업량도 폭발적으로 늘기 때문이다. 최근 반도체 업계의 슈퍼호황을 이루는 요인 중에는 암호화폐 열풍도 한몫하고 있다고 한다.

비트코인이 처음 만들어진 2009년 당시에는 일반 CPUCentral Processing

Unit, 중앙처리장치를 탑재한 PC개인용 컴퓨터로도 충분히 채굴할 수 있었다. 그러나 이제는 수십~수백 개의 연산 코어를 탑재해 한꺼번에 여러 개의 연산을 수행하는 GPUGraphics Processing Unit, 그래픽처리장치로도 채굴 효율이 높지 않다. 이에 채굴 전문업체들은 암호화폐 연산에 특화된 ASICApplication-Specific Integrated Circuit, 주문형 특별 생산 반도체을 탑재한 전문 채굴기까지 동원하는 추세이다.

엄청난 전기요금도 부담이 된다. 가상화폐 전문 채굴기는 24시간 쉬지 않고 100% 성능을 발휘해 연산 작업을 수행하기 때문에 엄청난 규모의 열을 쏟아낸다. 여기에 채굴장의 냉각·냉방에 들어가는 전기료를 감안하면 비용 부담은 더 커진다. 이는 발열 문제를 간과할 경우 채굴 성능 저하와 고장은 물론이고 화재로 이어질 우려도 있기 때문이다.

ⓦⒷ 채굴의 걸림돌

채굴의 걸림돌로서 비트코인의 특성상 후발 채굴자들은 선발 채굴자에 비해 절대적으로 불리한 입장에 있다는 점도 고려되어야 한다. 초창기에는 '적은 연산력'으로 '많은 비트코인'을 보상받았다. 반감기가 적용되기 전이라 문제를 풀게 되면 보다 많은 비트코인을 보상으로 받을 수 있었다. 또 채굴하는 마이너miner들이 많지 않으니 다수의 고성능 그래픽 카드나 전용 머신 없이 개인 PC만으로도 비트코인 보상을 받을 수 있었다.

그러나 시간이 지날수록 보다 더 적은 비트코인이 채굴 보상으로 주어지며 경쟁자가 많을수록 연산력은 더 필요하다. 특히 채굴 보상이 적어지는 것은 비트코인의 태생적인 특징이자 투자 대상으로서의 한계가 된다. 지금은 비트코인의 가격이 상승하는 것 때문에 많은 채굴자들이 비트코인 채굴에 뛰어들지만 가면 갈수록 얻는 보상과 연산력이 감당이 안되니 신입 마이너 유입이 줄어들 수 있다는 문제가 있다. 이 경우 비트코인은 존재 가치를 잃게 된다.

4. 블록체인의 개념과 작동 원리

요즘 블록체인이라는 용어가 회자되고 있다. 이는 2009년 비트코인이 탄생되면서 주목받기 시작했으며 이름 그대로 '블록block'들을 '사슬chain' 형태로 엮은 것을 의미한다. 블록에는 해당 블록이 발견되기 이전에 사용자들에게 전파되었던 모든 거래 내역이 기록되어 있다. 그리고 이것은 P2P 방식으로 모든 사용자에게 똑같이 전송되므로 거래 내역을 임의로 수정하거나 누락시킬 수 없다. 블록은 발견된 날짜와 이전 블록에 대한 연결고리를 가지고 있으며 이러한 블록들의 집합을 '블록체인block chain'이라 칭한다. 이 기술은 암호화폐 뿐만 아니라 다른 분야에도 원용되어 사용되고 있다.

연결의 기술

블록체인 기술을 보다 구체적으로 알아보자.

블록체인은 연결의 기술이다. 구체적 방식은 어떠한 정보를 블록이라는 일정 구획에 넣어놓고 정보의 추가 혹은 변경이 발생했을 경우 또 다른 블록을 만들어 기존 블록에 붙여 사슬처럼 이어 나가는 것이다. 이때 '블록'은 개인과 개인의 거래P2P 데이터가 기록되는 장부database가 되는 것이며 이런 블록들은 형성된 후 시간의 흐름에 따라 순차적으로 연결된 '사슬' 구조를 지니게 된다. 즉 거래 명세를 담은 블록들이 사슬로 이어져 하나의 장부를 이루게 된다.

이 블록은 네트워크에 있는 모든 참여자에게 전송된다. 참여자들은 해당 거래의 타당성 여부를 확인한다. 승인된 블록만이 기존 블록체인에 연결되면서 송금이 이루어진다. 금융기관과 같은 제3자에 의한 신용 기반으로 이루어지는 것이 아니다. 시스템으로 네트워크를 구성, 제3자가 거래를 보증하지 않고도 거래 당사자끼리 가치를 교환할 수 있다는 것이 블록체인 구상이다.

이처럼 블록체인에는 익명으로 누구나 접근 가능하며 보관되어 있는 데이터와 거래 내역 등은 일정 시간이 지나면 갱신되어 언제나 최신 상태를 유지한다. 아울러 데이터와 거래 내역은 암호로 보호될 뿐만 아니라 똑같은 거래 장부 사본이 네트워크 전체에 분산되어 있기에 쉽게 조작할 수가 없다. 그렇기 때문에 블록체인은 네트워크상의 공적 거래 장부로 불리고 있다.

이런 원리를 통해 블록체인은 서로 관련이 없는 모든 기업이나 또는 거래를 연결할 수 있다. 다시 말해 모든 상품과 서비스의 공급과 거래를 '신뢰'라는 사슬로 연결한다. 이미 월마트가 미국과 중국 시장의 식음료 유통망에 블록체인을 접목했으며, 두바이 정부는 무역 거래 과정을 블록체인 기반으로 바꾸고 있다. IBM 또한 세계 최대 해운사 머스크와 함께 제조업체, 세관 공무원, 농부를 연결하는 블록체인 기술을 개발 중이다. 성공하면 거래·운송 비용을 획기적으로 줄이는 유통혁명이 가능해진다. 이런 의미에서 블록체인은 연결의 기술이라 할 수 있다.

🌀 분산의 기술

이와 함께 블록체인은 분산의 기술이기도 하다. 전통적인 금융거래 방식에서는 돈을 송금할 때 당사자들이 공통으로 신뢰할 수 있는 제3자가 중간에 존재했다. 이 역할을 은행이나 증권거래소 같은 기관이 했고 이들이 거래 내역을 기록해 놓은 '중앙집권적 장부Centralized ledger'가 필요했다. 반면 블록체인 결제 방식에서는 이러한 중개기관과 장부가 필요하지 않다. 거래 내역이 하나의 블록을 형성하여 거래 참여자들 모두가 해당 블록을 분산형으로 갖고 있을 뿐만 아니라 거래가 발생할 때마다 스스로 모든 사용자들의 거래 내역을 대조하기 때문이다. 이를 가능케 하는 것이 P2P 네트워크이다.

즉 블록체인은 중앙에서 관리하는 시스템이 존재하지 않으며 모든 사용자들에게 거래 내역을 공유하면서 거래 때마다 대조해 위조를 방지하는 시스템이다. 이처럼 기존의 중앙서버에 기록했던 개인 정보와 거래 정보를 원본의 조작 없이 여러 곳에 분산 보관해 해킹이나 변조를 방지

함으로써 안전성과 투명성을 높인 것이다.

기존 거래 방식과 블록체인 방식의 거래 내역 비교

구분	현행 거래 관리 시스템	블록체인 기반 거래 관리 시스템
거래 처리	각 참여자별 처리시스템 별도 구성 필요	분산 원장으로 참여자 모두 동일한 내용을 공유
개발 운영	데이터 처리 프로그램 별도 개발·운영	내장 알고리즘으로 빠르고 안정적으로 거래 검증 및 데이터 처리
	서버 등 대규모 장비 구축 필요	서버 등 장비 구축 필요성 감소
보안	보안 공격 대비해 각종 장비 추가 구성 필요	강력한 보안 알고리즘으로 위변조 불가

블록체인 작동 원리

블록체인 기술을 비트코인을 통해 보다 구체적으로 알아보자.

비트코인은 10분마다 한 번씩 채굴되며 거래 내역을 기록한다. 즉 10분마다 하나의 블록을 형성하게 된다. 블록은 일종의 데이터베이스로 몇 가지 정보를 담고 있다. 가장 중요한 것으로 참여자들이 화폐를 거래한 거래 내역, 그리고 이전 블록의 해시값, 난이도, 논스nonce 등이 포함된다. 그리고 거래 내역 등 정보 변경이 발생하게 되면 신규 블록을 생성하여 정보를 이어가게 된다. 각 블록의 최대 용량은 1MB이다.

그리고 이 정보가 담긴 블록은 '노드nod'라고 불리는 전 세계의 사용자들에게 동일하게 공유가 된다. 또 신규 블록을 추가하는 작업은 '채굴자 miner'로 불리는 경제적 보상을 원하는 참여자들에 의해 이루어진다. 매 블록은 바로 전 블록의 해시값을 담고 있으며 이렇게 이어진 블록들은 시간 순으로 발생한 이체 내역들을 담고 있는 하나의 블록체인을 이룬다. 다시 말해 블록체인이란 매 10분마다 하나씩 만들어진 블록들을 연결한 것으로 전체 거래원장이라고 할 수 있다.

10분마다 이루어지는 거래 내역은 사용자 과반수 이상의 데이터와 일치할 경우 정상 장부로 확인되어 블록으로 묶여 보관된다. 즉 신규 블록이 기존의 블록체인에 연결될 수 있기 위해서는 참여자의 과반 이상이 해당 블록이 타당한 거래라고 승인해야만 가능하다. 이 과정에서 만일 특정 사용자의 장부 오류가 발견된다면 정상 장부를 복제해 대체하는 방식으로 수정한다. 또한 거래할 때마다 각 사용자들은 자신이 가진 거래 내역을 대조하고 거래 내역의 진위를 파악함으로써 데이터 위조를 방지하게 된다. 따라서 블록체인의 보안 안정성은 데이터를 공유하는 이용자가 많을수록 커진다.

그리고 한번 연결된 블록의 거래 기록은 위조나 변조가 불가능하다. 왜냐하면 이를 위해서는 모든 사람의 장부를 동시에 수정해야 하기 때문이다. 예를 들어 A라는 사람이 B라는 사람과 거래를 했다. 그리고 B라는 사람이 C라는 사람과 거래를 했다면 이러한 과정은 각자가 가진 모든 거래 장부에 자동으로 기입된다. 여기에서 누군가 장난을 치고 싶다면 기존 은행의 경우 거래 장부를 해킹하거나 훼손하면 그만이지만 블록체인의 경우 사실상 불가능하다.

이러한 일련의 과정 반복을 거쳐 블록체인 형성이 계속되는 것이다. 이때 거래원장의 위조와 변조를 막는데 사용되는 전자서명은 블록들을 연결할 때 사용되는 일종의 디지털 지문이라고 할 수 있다. 계약서를 쓸 때 내용이 종이 한 장이 아니라 몇 장으로 이어져 있음을 나타내기 위해 종이 앞 뒷장에 걸쳐서 도장을 찍는 간인(間印) 역할을 하는 것으로 보면 될 것이다. 해당 블록의 거래 내용을 요약한 해시값에는 앞전 10분 동안의 거래 내용을 요약한 해시값도 포함한다. 직전 블록의 해시를 포함하고 있기 때문에 해당 블록의 해시는 앞의 블록과 연결해주는 체인 역할을 한다. 즉 해시는 블록체인에서 체인 역할을 하는 것이고 직전 블록과 해당 블록의 해시값이 일치할 때 체인으로 연결한다.

블록체인 거래 흐름도

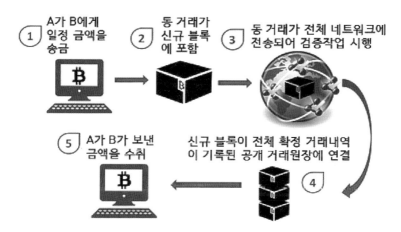

자료: 골드만삭스 Global Investment Research

Ⅲ. 비트코인의 세계

🪙 블록체인의 한계와 기술 보완

이처럼 블록체인은 우수한 기술이지만 비트코인 블록체인은 한계가 있다. 가장 큰 문제는 느리다는 것이다. 비트코인 블록체인 용량이 1MB에 불과하며 블록 생성 간격은 10분이다. 이는 10분마다 블록체인 장부를 업데이트하는 것이다. 운이 좋으면 거래와 승인이 문제없이 이뤄졌는지를 단 몇 초 만에 확인할 수도 있지만 운이 나쁘면 거의 10분을 통째로 기다리는 불편함을 감수해야 할 수 있다. 이는 실시간 확인이 필요한 서비스에서 치명적인 약점으로 작용할 수 있다.

이 문제를 시정하기 위하여 블록체인 개선 작업이 강구되고 있다. 하나는 블록구조를 변경하여 저장용량을 늘리는 '세그윗SegWit' 방식이고, 다른 하나는 블록 구조는 그대로 두고 블록 사이즈를 키우는 '2(N)X' 방식이다. 이에 대한 합의가 제대로 되지 않음에 따라 두 차례의 하드포크 hard fork 즉 비트코인을 기반으로 한 새로운 암호화폐들이 탄생하게 된다. 이들이 바로 '비트코인 캐시BCH'와 '비트코인 골드BTG'이다.

비트코인 블록체인은 사용할 수 있는 기능이 제한적이라는 문제도 있다. 비트코인 블록체인은 기록할 수 있는 항목이 보내는 사람, 받는 사람, 내용 등 크게 3가지로 구성된다. 보내는 사람, 받는 사람에는 비트코인 지갑주소를 써야한다. 내용 부분은 비교적 자유롭게 활용할 수 있다. 그러나 당초 비트코인 블록체인은 암호화폐인 비트코인 자체 거래의 보안성과 투명성 확보를 염두에 두고 만들어졌을 뿐, 다른 용도로 사용하는 것을 염두에 두고 설계한 것이 아니었다. 이 때문에 용량이 제한된 내용 부분만을 활용해 부가 기능을 구현하기 위해서는 많은 노력이 필요하다.

이 한계를 벗어나 블록체인 기술 진보를 위한 노력이 한창 진행되고 있다. 우선 암호화폐 체계 내에서 기술 보완을 시도한 것이 이더리움이다. 이더리움은 비트코인 블록체인 기술을 기반으로 다양한 부가서비스 개발을 염두에 두고 설계했기 때문에 확장성이 높다. 즉 스마트 계약 기능을 추가한 것이다. 이 기능을 비즈니스 부문에서는 다양한 용도로 활용해나가고 있다. 골드만삭스, IBM, 마이크로소프트 등은 이더리움의 이런 기능을 활용하려는 대표적인 기업들이다.

또 다른 시도는 사이드체인인데, 이는 비트코인과는 다른 별도의 블록체인이다. 서비스는 사이드체인과 연동하고 이를 다시 비트코인과 연동한다. 예를 들어 실시간 확인이 필요한 서비스의 경우 처리와 승인 시간이 짧은 새로운 블록체인을 기반으로 서비스를 구현하고, 해당 블록체인의 검증에 필요한 정보만 비트코인 블록체인에 올려두는 방식이다. 이렇게 하면 작업 검증은 비트코인 블록체인을 통해 안전성을 확보할 수 있으면서도 다른 서비스에 필요한 추가 속성을 확보할 수 있는 장점이 있다.

5. 블록체인 기술의 활용

4차 산업혁명시대의 신기술

비트코인에 의해 고안된 블록체인 기술은 그동안 주로 금융기관의 인증 수단 활용도 증대 방안의 강구에 초점이 맞추어져 있었다. 블록체인은 사실상 해킹이 불가능한 분산장부이기 때문이다. 블록체인에 인증서를 올려두면 위·변조가 불가능하기 때문에 확실한 인증 수단으로 사용할 수 있다.

그러나 이제 블록체인 기술은 국제송금, 소액결제 같은 금융뿐만 아니라 의료데이터, 정부 행정서비스, 사물인터넷IoT 플랫폼까지 활용 범위를 넓혀나가고 있다. 이는 블록체인이 지닌 연결과 분산의 기술, 그리고 한번 기록된 데이터는 위조나 변조가 불가능하다는 점 등에 기인한다.

블록체인 시스템이 지닌 장점으로는 신속성, 안전성, 투명성 등을 들 수 있다. 블록체인 내 정보는 네트워크 참여자 모두에게 공개되는 동시에 보관·관리된다. 이에 따라 특정 거래 정보를 조작하려면 모든 참여자의 컴퓨터를 해킹해 블록체인 전체를 조작해야 하는 비현실적인 작업이 필요하므로 거래의 안전성과 투명성이 보장되는 것이다. 뿐만 아니라 블록체인은 중개자와 중간 절차가 없기 때문에 수수료 인하가 가능하고 실시간에 가까운 송금이 가능하다는 장점도 가지고 있다.

그러나 무엇보다도 블록체인이 초래할 중요한 변화의 본질은 바로 거래 승인 권한과 정보의 민주화이다. 블록체인은 제3의 중개자 개입 없이 투명하고 안전한 직접거래를 할 수 있으며 실시간 승인 또한 가능하다. 그리고 입력된 정보를 시스템에 관여하는 모든 사람에게 동시에 전달하고 공유할 수 있게 하는 정보의 분권화가 가능하다.

이런 특성을 지닌 블록체인 기술을 이용함으로써 우리 경제사회는 정확하고 투명한 정보들을 간편하게 많은 기관과 사람들이 공유할 수 있게 될 것이다. 또 특정인이나 상급 관리자, 권력자가 임의로 데이터를 수정·조작할 수 없게 될 것이다. 한마디로 블록체인 기술은 우리 경제사회에 시스템적 신뢰를 제공해 긍정적인 변화를 가져올 것이다. 또한 다양한 분야에 걸쳐 혁신적인 변화를 가져올 수 있을 것으로 기대되고 있다.

경제협력개발기구OECD에서는 2016년, 향후 10~15년간 사회경제적으로 중대한 영향을 미칠 10가지 미래 기술의 하나로 블록제인을 선성하기도 했다. 세계경제포럼WEF도 전 세계의 은행 중 80%는 조만간 블록체인 기술을 활용한 금융거래 시스템을 구축할 것으로 전망했다. 아울러 2025년에는 블록체인 기술로 인한 부가가치 창출이 전 세계 GDP의 10%

에 달할 것으로 전망하고 있다.

공공분야에서의 활용 방안

블록체인 기술의 활용도를 공공분야에서부터 살펴보자. 가령 보육시설이나 요양시설, 의료기관 운영에 블록체인을 적용할 경우, 신청부터 입소 허가까지의 전 과정이 투명하게 관리될 수 있다. 지금처럼 어린이집 입소 신청이나 종합병원 입원 순서를 기다리며 혹시 누군가가 개입해 내 차례가 뒤로 밀리지는 않을까 불안해할 필요가 없는 것이다. 자연스럽게 주요 시설 관리자에 대한 신뢰를 갖게 된다. 이 경우 국가나 지방자치단체의 투명성도 한층 제고될 것이다.

이처럼 투명하게 쌓인 정보를 예산 수립에 활용함으로써 국정 운영을 과학화할 수도 있다. 예산이 할당되고 그 예산이 누구를 통해서 언제, 어떤 명목으로 지출이 되었는지를 실시간으로 볼 수 있다. 목적에 맞지 않는다면 아예 지출 자체를 막아버리는 게 시스템적으로 가능해진다. 실제로 영국은 이미 2016년부터 복지예산 관리에 블록체인 기술을 적용하고 있다. 물론 정부의 모든 예산을 블록체인으로 전환하는 과정에는 많은 시간이 걸릴 수 있다. 그러나 특정 영역부터 운용하면서 시행 착오를 줄인다면 빠른 효과를 볼 수 있을 것이다.

🅦🅑 비즈니스 세계에서의 기술 활용

　최근에는 정보기술IT, 의료 서비스, 에너지 업계에서도 블록체인 서비스 개발 및 확산에 주력하고 있다. 블록체인이 4차 산업혁명시대의 수많은 데이터를 안전하게 유통되고 관리될 수 있도록 해주기 때문이다. 우선, 제조업과 사물인터넷IoT 분야에의 적용이다. 블록체인 플랫폼은 수억 개의 사물인터넷IoT 기기를 파악한 뒤 실시간으로 공유되는 데이터 교환이 안전하게 이뤄지도록 할 수 있다. 이를 통해 필요한 데이터가 어디서 어떻게 관리되고 사용되는지 파악할 수 있다. 이 모든 과정은 안전성을 기반으로 이루어지며 사물인터넷IoT 관련 정보를 관리하기 위한 방대한 서버도 필요 없다. 또 제조업에서는 각종 지적재산 정보나 디자인 설계 등 데이터를 블록체인 기술을 활용하여 안전하게 관리할 수 있다.

　의료분야에서는 블록체인을 통해 환자데이터를 안전하게 공유할 수 있게 된다. IBM 왓슨 헬스Watson Health와 미국 식품의약청FDA은 모바일 기기, 웨어러블Wearable, 사물인터넷IoT을 사용해 전자 의료기록EMR, Electronic Medical Record, 임상실험, 각종 의료 데이터를 포함한 다양한 소스에서 환자 레벨 데이터를 교환하는 방안을 연구하기로 했다.

　에너지 분야에서도 블록체인을 활용하기 시작했다. 블록체인 기술이 미래에는 전력 중개자의 필요성을 완전히 배제함으로써 에너지 분배에 대한 보다 자유로운 시장이 만들어질 것이라는 예측도 가능하다. 블록체인 기술은 전력 공급자와 소비자가 양방향으로 실시간 정보를 교환해

에너지 효율을 최적화하는 차세대 전력망 혹은 지능형 전력망으로 불리는 '스마트 그리드smart grid' 시스템의 중추 역할을 한다. 나아가 사물인터넷IoT, Internet of Things과 연결되면 난방, 냉각, 환기, 전기 자동차, 태양열 설치 및 심지어 배터리와 같은 에너지 장치들이 상호 작용할 수 있게 되어 비용이 크게 절감될 것이다.

블록체인 기술의 확장성과 활용도 제고

이처럼 블록체인은 인간에게 가치 있는 거의 모든 정보를 안전하고도 완벽하게 기록·수정·보관·전파하는 강력한 보안성과 분산성, 익명성을 지니고 있다. 따라서 블록체인은 기존의 패러다임과 질서를 뒤바꾸는 기술혁명으로 간주되고 있다. 물론 블록체인이 지닌 한계와 부작용이 없지는 않다. 비트코인 블록체인이 지닌 한계는 이미 지적한 대로 느리고 확장성이 떨어진다는 점이다. 이와 함께 블록체인을 활용한 금융거래는 거래 취소가 어렵고 중앙 관리장치가 존재하지 않기 때문에 거래에 문제가 발생하더라도 이를 책임질 사람이 없다는 것도 문제점으로 지적되고 있다. 따라서 이러한 한계점들은 계속 보완·발전시켜 나갈 필요가 있을 것이다.

블록체인의 출발은 비트코인이었지만 블록체인 애플리케이션application의 확장 가능성은 무궁무진하다. 향후 법적인 계약이나 공적인 서비스 등 사회에 존재하는 온갖 계약에 블록체인이 사용될 예정이며 최종적으로는 중앙집권적인 금융, 정부 시스템의 존재 의의를 희석시킬 전망이다. 단순히 금융이나 IT에 한정된 기술이 아닌 사회 그 자체에 지대한 영향을 끼칠 수 있는 것이다. 어쩌면 4차 산업혁명의 뿌리기술도 블록체인이 될 것이다. 4차 산업혁명의 주인공인 사물인터넷을 연결·분산함으로써 신뢰와 안전을 담보하는 유력한 기술이 블록체인이기 때문이다.

정보통신기술ICT은 인터넷상에서 정보를 주고받을 수 있는 시스템이었다. 그런데 블록체인은 인터넷상에서 신뢰를 주고받을 수 있게 해 주는 기술이다. 이는 정보통신기술을 한 단계 더 업그레이드한 것이다. 우리나라는 정보통신기술이 뛰어나다. 따라서 블록체인이라는 첨단 신기술을 빠르게 흡수한다면 4차 산업혁명시대의 선두주자로 부상할 수 있을 것으로 기대된다.

6. 블록체인 구조 변경과 비트코인 캐시 탄생

거래량 증가와 블록체인의 한계

비트코인의 주체는 크게 개발자, 채굴자, 사용자 등 세 부류로 나눠진다. 개발자는 프로그램을 개발·관리하는 역할을 담당한다. 채굴자는 거래 내역을 검증하고 통화를 새로이 공급한다. 사용자는 수요의 근간으로서 비트코인 가격을 형성한다.

그런데 비트코인 거래량이 폭발적으로 늘어나면서 블록체인이 제대로 대응하지 못했다. 원래 비트코인은 분산서비스 거부 공격 즉 디도스 공격DDoS, Distributed Denial-of-service attack, 또는 마이닝 풀의 거대화를 막기 위해 블록체인에 기록되는 블록의 크기를 1MB로 제한하였다. 그리고 블록의 생성은 네트워크 전파 속도 및 보안성 등을 이유로 매 10분마다 이루어지도록 고안되었다. 따라서 비트코인 블록체인은 10분당 블록 1MB 용량만을 생성하고 거래할 수 있다.

비트코인 거래량이 비교적 적었던 초기에는 큰 문제가 되지 않았다.

그러나 갈수록 거래량이 급증하면서 참여자들의 거래를 빠른 시간 내에 처리하기 어려워졌다. 송금을 해도 1단계에서 블록에 입력되지 못하는 대기거래가 급증하였다. 거래를 빨리 처리하기 위해 높은 수수료를 내는 경우도 빈번했다. 비트코인과 관련된 사건이 벌어져 매도매수 요청이 쏟아지면 거래 처리가 완결되기까지 며칠씩 걸리는 상황도 벌어졌다. 채굴업자들 또한 블록 용량이 작아 채굴이 늦어지고 있다는 불만을 제기했다. 이에 개발자와 채굴단체 등 관계자들은 블록체인의 개선을 논의했다.

용량 확대 방식을 둘러싼 갈등

이들이 제시한 개선 방안은 크게 두 가지다. 하나는 블록 구조를 변경하여 저장 용량을 늘리는 '세그윗SegWit' 방식이고, 다른 하나는 블록구조는 그대로 두고 블록 사이즈를 두 배로 키우는 '2X' 방식이다.

세그윗은 분리된 서명Segregated Witness의 약자로 블록체인을 운영하는 프로토콜을 업그레이드해 블록체인 저장 용량을 늘리는 방식이다. 구체적으로는 블록 용량의 절반에 달하는 디지털 서명을 거래 내역과 분리해 보관하는 방식이다. 이처럼 블록의 구조를 변경할 경우 블록의 크기를 증가시키지 않고도 약 2배의 처리 용량을 증대시키는 효과가 있다. 그런데 이는 채굴자들에게는 불리한 방식이다.

채굴자들은 기존 블록 구조에 최적화한 전용 채굴기ASIC를 사용하고 있다. 그런데 블록 구조를 변경하는 세그윗은 채굴기의 효율을 감소시켜 결과적으로 채산성이 떨어지게 된다. 이 때문에 채굴자들은 세그윗을 탐탁지 않게 여기는 것이다. 세그윗에 가장 반대한 사람은 세계 최대의 마이닝 풀mining pool을 이끄는 우지한吳忌寒, jihan Wu 비트메인Bitmain 대표였다.

그래서 채굴자들은 '2X' 방식을 주장해 왔다. 그러나 이는 개발자들이 반대하였다. 개발자들이 2X에 반대하는 이유는 블록 크기가 확대되면 채굴할 때 대용량 장비가 필요해지는데, 이렇게 되면 대형 채굴광산을 중심으로 채굴 집중화가 한층 더 가속화될 우려가 있기 때문이다. 기존의 채굴업체 대부분은 중국계이다. 이들은 채굴의 효율성을 높이기 위해 광산연합이라고 할 수 있는 마이닝 풀mining pool을 구성해 운영하였다.

그래서 홍콩과 대만을 포함한 중국계 마이닝풀이 전 세계에서 차지하는 채굴량은 80% 이상을 차지하고 있다. 당초 비트코인 개발자들은 탈중앙화를 모토로 내걸었지만 실제 채굴 방식은 점점 독점화되고 있다. 다시 말해 비트코인 공급도 중앙은행의 독점적 화폐 공급처럼 점점 소수의 채굴업자에게 집중되고 있었다. 이는 당초 비트코인 개발의 취지에 맞지 않는 것이다.

🅦🅑 중재안 'Segwit 2X'의 좌절

2017. 5월 채굴자들과 개발자 그룹이 뉴욕에 모여 절충안을 마련하였다. 먼저 블록 구조를 변경한 뒤, 즉 세그윗Segwit을 한 이후 블록 사이즈를 2배로 확대2X하는 소위 'Segwit 2X'를 내놓았다. 이에 따라 2017년 8월 21일 세그윗을 적용하고 11월 중에 2X를 실시키로 했다. 그러나 이 절충안에 중국의 비트메인 연합은 물론이고 일부 비트코인 핵심 개발자들도 반발하였다. 채굴업자들은 세그윗에 반대했고 개발자들은 2X를 반대했다. 그런데 블록체인의 개선은 개발자와 채굴업자가 모두 동의해야만 가능하다. 이는 블록체인의 본질이 중앙은행과 같은 중앙집권적인 의사결정기구가 없이 분권화된 의사결정구조를 따르기 때문이다.

결국 블록 사이즈 확대를 주장하던 중국계 비트메인 연합은 2017.8.1일 하드포크를 단행했다. '하드포크hard fork'란 다른 블록체인에서 거래되는 새로운 암호화폐를 만드는 것이다. 이렇게 탄생한 암호화폐가 '비트코인 캐시Bitcoin Cash, BCH'이다. 비트코인 캐시는 비트코인의 거래 속도를 증가시키기 위한 목적으로 생성됐다. 비트코인의 거래 속도를 높이고 거래 수수료도 상대적으로 저렴하다는 장점이 있다. 아울러 기존 비트코인의 블록은 1MB로 용량이 제한돼 있지만 비트코인 캐시는 최대 8MB까지 확장할 수 있다. 이렇게 볼 때 비트코인 캐시는 비트코인을 기반으로 만들어진 하나의 '알트코인'이라고 할 수 있다.

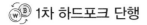 **1차 하드포크 단행**

이처럼 당초의 합의가 깨지자 비트코인 개발자들은 이제 공개적으로 블록 크기를 두 배로 키우는 하드포크 2X에 반대하고 나섰다. 당초 비트코인 개발자와 채굴자의 합의에 의하면 2017.11월에는 블록체인 처리 용량을 2MB로 2배 늘리는 세그윗 2X가 예정되어 있었다. 그러나 그 합의가 채굴자 집단이 지지하는 비트코인 캐시의 탄생으로 이미 깨졌다.

이에 개발자 집단은 'NO2X'라는 슬로건을 걸고 기존의 비트코인 블록체인을 유지하는 게 비트코인의 정신에 더 부합한다고 주장했다. 실제로 개발자들 중심의 정보 집약 사이트인 '비트코인 닷 오알지bitcoin.org' 블로그에는 '세그윗 2X'를 지지하는 세력을 공개적으로 비난하는 글이 올라왔다. 결국 2017.11.15일 2X 하드포크를 보류한다는 선언이 나왔다.

암호화폐는 기본적으로 컴퓨터 프로그래밍의 결과이다. 때문에 암호화폐도 기술 발전에 따라 혹은 기능 개선을 위해 업그레이드가 필요하다. 윈도우가 보안을 강화하고 성능을 향상시키는 등의 목적으로 버전을 업그레이드하는 것으로 생각하면 된다. 암호화폐의 업그레이드 과정을 포크fork라 한다. 블록체인에서 포크fork는 원래의 체인에서 분기점이 발생하는 걸 말한다.

이에는 소프트 포크와 하드 포크가 있다. '소프트 포크soft fork'는 체인 분리가 일어나지 않는 분리로 포크 이전과 호환성이 유지된다. 신구 버전이 공존할 수 있다. 그렇지만 다수가 이전 버전을 쓴다면 업그레이드를 한 의미가 퇴색된다. 보다 강력한 업그레이드 방식이 하드포크다. '하드포크hard fork'는 체인 분리가 일어나는 업그레이드이다. 이는 호환성이 단절되며 새로운 코인이 탄생하게 된다. 이때 탄생하는 코인은 하나의 '알트코인Altcoin'이 된다. 이런 방식의 하드포크는 비트코인에 앞서 이더리움에서 먼저 시작되었다.

보통 하드포크로 인한 암호화폐의 분열은 암호화폐 가격에 부정적 영향을 미친다. 암호화폐 생태계 참여자들이 합의를 도출하지 못했다는 건 해당 암호화폐에 대한 신뢰를 떨어뜨리는 요소다. 암호화폐 가격은 철저히 시장 참여자의 신뢰도에 기반한다. 신뢰도 하락은 암호화폐에게 악재이다. 2016년 이더리움 하드포크 때 '이더리움'과 '이더리움 클래식Ethereum Classic, ETC'으로 분열된 이후 이더리움 가격은 하락세를 면치 못했다.

이 때문에 예정된 하드포크를 며칠 앞둔 2017.7.16일에는 비트코인 가격이 1,900달러 선까지 밀리기도 했다. 그런데 막상 8월 1일이 지나도 시장 참여자들은 여전히 비트코인에 대한 신뢰를 보냈고 하드포크 이전에 비트코인에 투자했던 이들에게는 비트코인 캐시라는 암호화폐가 추가로 생겼다. 하드포크가 악재가 아니라 일석이조의 호재였던 셈이다.

비트코인 캐시 또한 투자자들의 커다란 관심을 끌고 있다. 생성된 지 불과 수개월 만에 하루 평균 거래량이 10~30억 달러에 이르며 때로는 어머니 격인 비트코인 거래량을 앞서기도 한다. 2018.1월 시가총액 약 450

억 달러, 하루 거래량 20억 달러 내외를 기록 중이다. 상장 시가총액 규모 순위는 비트코인과 리플, 이더리움에 이어 4위에 랭크되어 있다. 가격도 처음 상장 당시 1BCH 당 200~400달러 선에서 형성되었으나, 2018.1월 기준으로는 10배 수준의 1,500~3,000 달러 선에서 거래되고 있다.

특히 2017년 12월 20일부터 비트코인 캐시 가격이 급등하였다. 이는 미국 최대의 암호화폐 거래소인 코인베이스가 그동안 취해온 거부감에서 벗어나 비트코인 캐시 상장을 허용함에 따른 것이다. 상장 하루 만에 가격이 50% 급등하였다. 이와 반대로 비트코인 가격은 상대적으로 하락하였는데, 이를 두고 이제는 비트코인 캐시가 비트코인을 대체하는 게 아니냐는 반응까지도 나왔다.

비트코인 캐시 진영은 비트코인과 상호보완적 관계로 성장하겠다고 주장하고 있다. 일각에서는 오히려 비트코인 캐시가 비트코인을 넘어 주류가 될 것이라는 전망도 나온다. 그러나 비트코인이 네트워크 업그레이드를 통해 송금 지연 문제를 해결할 경우 비트코인 캐시의 존재 가치는 급락할 수도 있다. 더욱이 단기적으로는 가격 변동성이 매우 큰 모습을 보이고 있다. 이런 점들을 투자자들은 유의해야 할 것이다.

암호화폐의 경제학

7. 2차 하드포크와 비트코인 골드 탄생

2017.8.1일 비트코인은 개발자와 채굴자들의 의견 차이로 둘로 쪼개지는 1차 하드포크hard fork가 이뤄졌다. 당시 탄생한 암호화폐가 비트코인 캐시다. 연이어 같은 해 10.24일에는 한차례 더 비트코인의 분할이 이루어지게 된다. 이 2차 하드포크로 탄생한 암호화폐가 '비트코인 골드Bitcoin Gold, BTG'이다.

대형 채굴업체에 대한 반감 증대

당초 2017.5월에 있었던 개발자와 채굴자간 합의에 의하면 2017.11월 '세그윗 2X'가 예정되어 있었다. 그런데 이보다 며칠 전인 10.24일에 탄생한 비트코인 골드는 블록 크기를 늘리는 '세그윗 2X' 하드포크와는 전혀 별개의 사안이다. 비트코인을 움직이는 주요 진영들이 세그윗 2X라는 업그레이드 방식을 놓고 논쟁을 벌이는 틈을 타 특정 세력이 자신의 입맛에 맞는 암호화폐를 새로이 하나 더 만들어 낸 것이다.

'비트코인 골드' 탄생을 주도한 세력은 홍콩의 비트코인 채굴업체인 '라이트닝ASIC'다. 비트코인 골드 진영이 강조하는 것은 기존의 비트코인이나 비트코인 캐시와 달리 일반 그래픽카드GPU로도 채굴이 가능하다는 점이다. 기존의 비트코인은 첨단장비인 ASIC 채굴기로 채굴해야 채산성이 있기 때문에 자본력을 갖춘 특정 마이닝 풀mining pool이 시장을 장악하고 있었다. 그러나 비트코인 골드는 GPU로 채굴할 수 있기 때문에 일반인들도 누구나 쉽게 채굴에 뛰어들 수 있다는 것이다. 소위 '비트코인의 민주화'를 표방하고 나섰다.

비트코인 골드 개발자들은 전용 채굴기 ASIC의 등장과 소수 채굴기업의 독점으로 비트코인의 탈중앙화가 손상되었다고 지적했다. 그래서 비트코인 골드 홈페이지 첫 화면에는 "비트코인을 다시 탈중앙화시켜라 Make Bitcoin Decentralization Again"라는 문구가 뜬다. 그리고 "특정 채굴업자에 좌우되는 비트코인 캐시는 옳지 않다. 모든 이들이 채굴할 수 있게 만드는 비트코인 골드가 진정한 비트코인 창시자 사토시의 정신을 계승한 것"이라는 등의 글이 올라있다.

2차 하드포크와 비트코인 골드

'비트코인 골드'의 탄생은 일단 성공적이다. 비트코인 골드의 탄생을 앞두고 어머니 격인 '비트코인'의 가격이 크게 올랐다. 그 이유로 2017.

8월에 있었던 1차 하드포크의 학습효과를 꼽는다. 당시 갈등 국면에서 하락할 줄 알았던 비트코인 가격은 금세 회복세로 돌아섰고 분할 이전에 비트코인을 사 뒀던 이들에게는 같은 수량 만큼의 '비트코인 캐시'가 덤으로 생겼다. 비트코인 투자자들은 2차 하드포크에도 1차 하드포크 때와 동일한 현상이 생길 것으로 보고 비트코인을 사들였던 것이다. 실제로 비트코인 골드 탄생 후에도 비트코인 가격은 계속 상승세를 이어갔다.

비트코인 골드 자체의 가격도 높은 수준을 이어가고 있다. 생성 이후 두 달 만인 2018.1월 1BTG당 200달러 선을 보이고 있다. 하루 거래량은 약 1~2억 달러에 이르며 상장 시가총액 규모 또한 약 40억 달러로 15위권에 들어 있다. 그러나 앞으로도 '비트코인 골드'가 '비트코인 캐시'만큼 시장에 잘 안착할 수 있을지에 대해서는 의문의 여지가 없지 않다.

비트코인 캐시의 창시자인 우지한은 세계 최대 마이닝 풀을 이끌고 있고 자신의 회사인 비트메인이 생산하는 고성능 비트코인 채굴기를 팔면서 결제대금을 오직 비트코인 캐시로만 받는다. 이 같은 강력한 지지 세력이 있기 때문에 비트코인 캐시가 시장에서 버림받을 가능성은 크지 않다. 반면, 비트코인 골드는 주식시장으로 치자면 '개인 투자자' 혹은 소액주주 중심으로 지지되는 주식이다. 이에 따라 적지 않은 어려움이 따를 것으로 예견된다.

한편, 비트코인은 앞으로도 하드포크가 몇 번 더 이뤄질 것으로 보인다. 이미 비트코인 다이아몬드Bitcoin Diamond, BCD와 슈퍼 비트코인Super bitcoin, SBTC 등이 2017년 11월과 12월 중 각각 하드포크를 단행했다. 비트코인 보유자들은 이 코인들도 무상으로 분배받을 예정이다. 또 조만간 비트코인 실버BTCS, 비트코인 우라늄BUM, 비트코인 캐시플러스BCP 등 추가적인 분할이 더 이루어질 것으로 예상되고 있다.

비트코인이 계속 분할되는 진짜 이유

그러면 이처럼 비트코인의 분할이 계속해서 일어나는 진짜 이유는 무엇일까? 새로운 코인을 개발하는 데는 어렵고도 오랜 기간이 소요되는 과정을 거쳐야 한다. 펀딩과 개발을 해야 하고 많은 사람들이 이용할 수 있도록 홍보도 해야 하며 보안도 신경 써야 할 것이다. 그래야 1,400여 개에 달하는 암호화폐들 중에서 두각을 나타낼 수 있고 각 거래소에 상장도 할 수 있을 것이다.

그런데 비트코인을 하드포크하면 이 많은 과정이 순조로워진다. 일단 '비트코인'을 아는 사람들은 비트코인 하드포크로 등장하는 새로운 코인에 관심을 가질 수밖에 없을 것이다. '비트코인 캐시'도, '비트코인 골드'도 그런 혜택을 입었다. 다수의 사용자들에게 홍보를 따로 할 필요가 없기 때문이다. 또 비트코인의 코드를 기반으로 만들어지므로 가장 훌륭한 코드를 바탕으로 새로운 코인을 만들 수 있게 된다. 게다가 비트코인을 취급하는 거래소들은 수탁자 의무가 있기 때문에 하드포크된 새로운 코인을 사용자들에게 배포할 의무가 있다. 이러다보니 다른 알토코인과 비교해 거래소에 상장하기도 훨씬 수월해진다.

이처럼 비트코인이 계속해서 분할됨에 따라 문제 또한 적지 않게 나타나고 있다. 무엇보다 생태계 내전으로 인한 신뢰 상실의 문제이다. 하드포크 때마다 우후죽순 암호화폐가 쪼개져 나온다면 과연 원래의 비트코인 가치에 대한 신뢰가 유지될 수 있을지 의문이다. 비트코인은 중앙 서버와 중개자 없이 권한과 역할, 합의가 분산되어 있어 누구도 비트코인을 소멸시킬 수는 없을 것이다. 그러나 계속된 내부 충돌로 신뢰를 잃게 되면 결국 이탈하는 사람이 늘어나게 될 것이다.

또 다른 문제는 가격 하락에 대한 우려이다. 하드포크가 당장은 새로 탄생한 알트코인을 덤으로 받을 수 있게 하는 등 호재이지만 장기적으로는 공급 물량 증대와 신뢰 상실 등 악재로 작용하게 될 공산이 크다. 즉 하드포크로 암호화폐가 늘어나면 전체 투자금액이 증가하지 않는 이상 투자 대상의 확대로 가격이 하락할 수 있다는 것이다. 이 경우 채산성 악화로 채굴이 지체되고 거래 검증과 신규 화폐 공급이 타격을 받으면서 비트코인은 유지되기 어렵게 될 것이다.

또 기술적으로 검증되지 않은 암호화폐의 등장으로 인한 투자자 피해 문제다. 기술적 가치가 있고 활용도가 있다면 새 암호화폐가 유지될 수 있지만 그렇지 않을 경우 상장폐지 될 수도 있어 자칫 잘못하면 투자자만 피해를 보게 된다. 대표적인 사례가 '비트코인 플래티넘Bitcoin Platinum'을 둘러싼 소동이다. 당초 비트코인 플래티넘은 하드포크를 통해 2017.12월 중 출시될 예정이었다. 그러나 이후 여러 가지 의혹들이 불거지면서 출시가 지연되고 있다. 급기야 출시 계획 자체가 애당초 사기라는 의혹마저 제기되고 있는 상황이다.

8. 비트코인의 가격 흐름과 전망

🪙 비트코인 첫 거래 환율 1$ = 1,309.03 BTC

비트코인이 탄생한 2008년 8월 이후 처음 1년간은 거래가 되지 않았고 가치도 거의 없었다. 2009년 10.5일 'New Liberty Standard'를 사용하는 마이너miner가 비트코인의 거래 환율을 1$=1,309.03 BTC비트코인로 최초 공시하였다. 바꾸어 말하면 당시 1비트코인의 가격은 0.0008 달러인 셈이다. 당시 환율은 비트코인의 유지비인 10분 동안의 전기세를 근거로 책정됐다고 한다.

비트코인이 실제 거래에 사용되거나 거래소를 통해 화폐와 교환되기 시작한 것은 이듬해인 2010년이 되어서였다. 2010년 5월 한 소지자가 비트코인으로 도미노 피자를 구매하며 세계 최초의 비트코인 거래로 기록됐고, 같은 해 7월에는 세계 최초의 비트코인 거래소인 마운트곡스Mt.Gox가 발족했다. 그러나 거래가 시작되기는 했지만 가격은 여전히 비트코인 당 1달러를 넘지 못했다.

2010년 5월 18일 저녁, 미국 플로리다 잭슨빌에 사는 'laszlo'라는 닉네임의 비트코인 포럼bitcointalk.org 이용자가 피자 거래를 제안하는 글을 올렸다. 라지 사이즈large size 피자 두 판을 자신에게 보내주면 1만 비트코인을 지불하겠다는 내용이었다. 구매자 laszlo는 자신의 이러한 거래 목적이 "호텔 룸서비스처럼 비트코인으로 피자를 주문할 수 있는지 알아보고 싶은 것"이라고 밝혔다.

사실 당시 시세로 1만 비트코인의 가격은 40달러 정도였고, 라지 사이즈 피자 두판의 가격은 30달러 정도였으니 환전을 해서 주문을 하는 것이 훨씬 경제적이었다. 그러나 laszlo는 자신이 가진 비트코인으로 주문을 해서 피자가 올 수 있는지 실험을 해보고 싶었던 것이다.

5월 22일에는 거래가 성사되어 피자를 받았다는 문구와 함께 인증샷을 올렸다. 그런데 시간이 흐르면서 상황이 바뀌기 시작했다. 잠잠하던 비트코인의 가격이 오르기 시작하면서 이 거래는 인구에 회자된다. laszlo가 피자를 거래한 3달 뒤인 2010년 8월이 되자 1만 비트코인의 가격은 600달러에 육박하였고, 11월이 되자 2,600달러짜리 피자가 되어버렸다. 그리고 시간이 흘러 최고가를 경신하고 있는 2017년 12월 기준으로는 2억 달러 이상, 원화로 자그마치 2,200억원짜리 피자가 되어버렸다. 비트코인 동호회에서는 이 5월 22일을 최초의 비트코인 물질 거래를 기념하기 위한 날로 정하자며 'Bitcoin pizza day'를 만들었다.

🪙 가격 상승을 초래한 역사적 사건들

이후 2011년 들어서면서 비트코인 네트워크가 성장하고 가치 또한 크게 상승하기 시작한다. 드디어 같은 해 2월 9일, 마운트곡스 거래소 기준으로 1BTC = $1, 즉 비트코인과 미국 달러와의 교환가치가 1:1이 되었다. 비록 총 발행량에서는 엄청난 차이가 있지만 달러와 동등한 가치를 가진다는 상징적 의미에 비트코인 이용자들은 환호했다.

이후 6월 2일에는 1비트코인 가격이 10달러까지 상승했다. 2월 1달러에서 불과 4개월 만에 10배 가까이 오른 셈이다. 며칠 후에는 비트코인 시장의 총액 또한 2억 달러를 넘어섰다. 2012년은 관련 포럼이 늘어나고 재단이 설립되는 등 비트코인의 내실이 다져지는 해였다. 비트코인 가격의 상승폭이 본격적으로 커지기 시작한 것은 2013년 들어서 부터다.

2013년 초 13달러 수준에서 시작한 1비트코인 가격이 4월 1일 드디어 100달러를 넘어섰다. 시세 상승의 시발점은 키프로스Cyprus 사태였다. 키프로스 정부가 구제금융을 받는 대가로 고액 예금자의 손실을 인정했는데, 이로 인해 예금자들은 은행도 믿을 수 없다는 불안감을 지니게 되었다. 이는 비트코인 수요 증가를 유발하여 시세 급등으로 이어졌다. 며칠 후 사태가 본격화되면서 BTC당 200달러를 상회하기 시작했다.

이후 미국 연방준비이사회Fed 의장 버냉키의 비트코인 옹호 발언은 기름을 부었다. 그는 2013년 11월 공개석상에서 "비트코인이 돈세탁 등 불법적으로 악용될 위험성도 있으나 장기적 관점에서 보면 가장 빠르고 효율적인 지급 수단이 될 것"이라고 말했다. 그 즉시 200달러 선에 머물러 있던 비트코인 가격은 900달러를 넘어섰다. 연이어 11월 28일에는 비트코인 가격이 사상 최초로 1,000달러를 넘어섰다. 2014년 들어 당시 최대의 비트코인 거래소이던 마운트곡스 파산 등 여러 악재가 나오면서 가격이 순간적으로 폭락하기도 하였다. 그러나 이후 상승세를 이어나갔다.

비트코인 가격 흐름(달러)

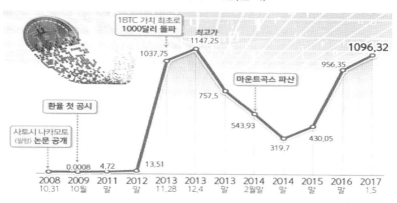

2017년의 급격한 가격 상승

비트코인 가격 상승세는 2017년 들어서도 무섭게 이어졌다. 1월 초 비트코인 가격은 BTC당 1천 달러 수준에 불과했으나 이후 6월 3천 달러, 9월 초 5천 달러, 11월 중순에는 8천 달러에 이르렀다. 가격 상승세는 특히 11월 들어 폭발적이었다. 비트코인은 8천 달러를 돌파한 이래 일주일 만에 9천 달러를 돌파한 뒤, 3일 만인 28일에는 사상 처음으로 1만 달러마저 돌파했다. 이어 29일에는 11천 달러 선마저 돌파했으나 한

시간만에 9천 달러 선으로 밀리는 등 큰 변동성을 보였다. 12월 들어서는 더 커다란 변동성 속에서 가격 상승세 또한 가팔랐다. 12월 중순까지 급격한 상승곡선을 그리며 12월 16일 한때 1만 9,800달러까지 치솟았다.

하지만 12월 하순에는 약세를 나타내기도 했다. 천정부지로 치솟던 비트코인 가격은 24일부터 급락세로 전환, 30일에는 고점 대비 38% 이상 하락한 1만 2,200달러 선까지 떨어졌다. 2017년 마지막 거래일인 31일에는 하락폭을 다소 만회하며 1만 3천~4천 달러 선에서 거래를 마쳤다. 이로써 비트코인 가격은 2017년 들어서만도 13배 이상 올랐다.

우리나라도 마찬가지다. 2017년 1월 BTC당 100만원대 가격으로 거래되던 비트코인 가격은 4월까지도 계속 100만원대에 머물렀다. 하지만 5월 이후 비트코인 가격은 요동치기 시작한다. 5월 첫 주 200만원대를 돌파, 5월 25일 빗썸 거래소에서 장중 한때 468만원의 정점을 찍으며 사상 최고치로 가치를 끌어 올렸다.

이후 비트코인의 성장세는 계속되고 있다. 6월과 7월에는 300만원대를 넘어선데 이어 8월 400만원대, 9월 500만원대, 10월 600만원대, 11월 중순에는 900만원대, 그리고 26일에는 대망의 1,000만원을 돌파했다. 무서운 상승세는 이후에도 지속되어 12월 8일에는 마침내 2천만원을 넘어 2,499만원을 찍었다. 불과 10여일 만에 2배 이상 가격이 폭등했다. 그러나 12월 중순 이후 정부의 과열투자 현상에 대한 규제 조치가 나오면서 다소의 조정을 보이기도 했다. 이후 다시 커다란 변동성을 보이면서 2018.1월 1,300~2,500만원 선에서 오르내리고 있다.

특기할 사항은 국내 비트코인 가격 상승세는 더욱 가팔라 국제 비트코인 가격 상승을 견인하는 모습을 보여 왔다는 점이다. 많은 경우 국내 비트코인 가격은 국제 시세보다 20% 정도 비싸게 거래되어 왔다. 이에 따라 '김치 프리미엄'이라는 말이 생겨났을 정도다. 이런 현상은 국내에서 비트코인 투자 열풍이 한창이던 2017.12월 이후 더욱 심화되어 50% 이상의 김치 프리미엄이 붙은 경우도 나타나고 있다.

가격의 급등 요인

이와 같은 비트코인 가격 급등에는 여러 요인이 있다. 기본적으로 수요는 급증하는 데 비해 공급이 제한적이라 수요초과 현상이 발생하고 있다는 점이다. 또한 저금리시대에 마땅한 투자처를 찾지 못하면서 투기성 자금이 쏠린 탓도 있는 것으로 보인다. 아울러 랜섬웨어 등 불법 금융거래에 악용되고 투기세력까지 유입되면서 가격 상승이 가속화되었다. 짐바브웨 등 정정이 불안한 국가들이 비트코인 수요를 증대시킨 것도 이유의 하나이다.

여기에 중국 · 일본 · 한국 등 동북아 3국의 비트코인에 대한 과도한 관심과 투자 또한 비트코인 가격 상승을 부채질한 주요한 요인으로 삭용하고 있다. 중국은 한때 전 세계 비트코인 거래량의 80~90%를 차지할 정도로 큰 시장이었다. 해외투자를 선호하는 중국 자산가들은 정부의 규제를 받을 수 있는 달러 등의 법정통화 보다 오히려 중앙의 통제가 어려운 비트코인에 투자 매력을 더 느끼게 되었다. 또 중국 경제 전망에 대한 우려를 갖고 있던 투자자들도 비트코인 매수에 나서고 있었다. 더욱이 중국이 가상화폐공개ICO 전면 금지 조치를 조만간 해제할 것이란 소문까지 돌면서 비트코인 가격은 멈출 줄 모르고 뛰고 있다. 일본 정부가 비트코인을 지불수단의 하나로 공식 인정한 것 또한 가격 상승을 부추겼다.

특히 최근의 이상 가격 급등 현상은 다음 두 가지 요인에 기인하는 것으로 전문가들은 분석하고 있다. 무엇보다 연이은 하드포크에 기인한다. 비트코인은 캐시, 골드, 다이아몬드, 실버 등으로 계속 하드포크가 이루어지고 있다. 이렇게 비트코인 계열 암호화폐들이 새로이 탄생할 때 마다 비트코인 소유자들은 가만히 앉아서 이들 새 코인도 챙길 수 있으니 비트코인 가격은 자연히 상승할 수밖에 없다는 것이다. 물론 이런 과도한 분열은 오히려 신뢰를 떨어뜨려 가격 하락을 초래할 수 있다는 분석도 있다.

다른 하나는 시카고상품거래소CME 등 주요 제도권 거래소들의 비트코인 관련 선물상품 도입 계획 발표이다. 이 같은 대형 제도권 거래소의 암호화폐 시장 진입은 비트코인의 위상을 높여 줌과 동시에 거래를 급증시키는 데 일조했다고 평가된다.

🪙 비관적 가격 전망

그러나 이러한 가격 상승세가 계속 이어질지에 대해서는 평가가 엇갈린다.

최근의 가격 급등 현상은 다소 과도하다고 평가하면서 우려하는 시각에 귀를 기울일 필요가 있다. 이들은 비트코인의 가치 변동성이 너무 커서 안전자산으로 분류하는 게 무리라는 견해를 펴고 있다. 최근의 비트코인 시세 급등은 화폐로서의 가치에 대한 수요보다는 투기적인 수요가 몰리면서 이루어진 것이라는 견해이다.

특히 일본과 중국, 한국 등 아시아 국가에서의 강한 매수세 덕분이라는 것이다. 실제로 비트코인 가격이 사상 최고치를 기록할 당시 일본 엔화와 중국 위안화, 한국 원화의 거래 비중이 전체 거래의 절반을 훨씬 상회한 것으로 조사됐다. 이는 단기간 집중적인 매수세에 힘입어 비트코인 가격이 오버슈팅overshooting했다는 얘기가 될 수 있다. 만약 이 같은 매수세가 지속되지 못한다면 가격이 급락할 수 있다는 관측도 나온다.

또한 중국, 미국, 일본 등 암호화폐 거래 규모가 큰 국가들의 향후 정책 방향을 주시할 필요도 있다. 이들 국가의 정책 결정으로 비트코인의 지위가 크게 흔들릴 수 있기 때문이다. 이들 국가의 정책은 그동안에도 암호화폐 가격의 변동성을 키우는 불안요인으로 삭용해 왔나. 이는 암호화폐의 태생적 한계에 기인한다. 즉 법정화폐는 그 액면가에 해당되는 가치를 국가가 보증해주지만 암호화폐는 신용을 보장해줄 발행 주체가 없으며 오직 시장 참여자들의 암묵적 합의로 가치가 형성되기 때문이다.

아울러 끊임없는 해킹 이슈도 가격 불안요인으로 작용하고 있다. 2014년 당시 세계 최대 거래소이던 마운트곡스 해킹 이후 세계 곳곳의 거래소가 해킹으로 몸살을 앓고 있다. 우리나라 또한 예외가 아니다.

실제로 주요국 중앙은행들은 최근 비트코인 가격이 폭등세를 보이자 잇따라 경고하고 나섰다. 이들은 하나같이 비트코인과 같은 암호화폐는 화폐가 아니라는 점에 분명히 선을 그었다. 특히 재닛 옐런 미국 연방준비이사회FED 의장은 비트코인에 대해 "법정화폐가 아닌 매우 투기적인 자산이며, 안정적인 가치 저장 수단이 아니다. 아직까지 비트코인은 지급결제 시장에서 아주 작은 역할을 차지하고 있다."라고 경고했다. 물론 이에는 중앙은행의 발권력을 부정하는 암호화폐에 대한 부정적 시각에서 비롯된 것이라는 견해도 없지 않다.

🪙 낙관적 가격 전망

이에 반해 채굴업자들을 중심으로 한 전문가 그룹은 가격 상승이 이어질 것으로 보고 있다. 이들은 기존의 비트코인 가격 상승을 가져왔던 요인들은 앞으로도 지속될 뿐만 아니라, 블록체인의 기술적 보완 발전을 통해 비트코인 가치는 더욱 상승할 것으로 전망하고 있다.

미국 월가 등 시장에서도 추가 상승 전망이 우세하다. 상승세의 동력은 희소성으로, 발행량이 정해져 있는 탓에 과도한 인플레이션이나 비트코인 가치가 폭락할 가능성이 적다는 것이다. 더욱이 미국의 저명한 경제전문지인 포브스Forbes는 전체 비트코인의 25%가 비밀번호 분실, 전자지갑 오작동 등으로 영원히 사라질 수 있어 희소성은 더 커질 것이라고 전망했다. 비트코인 자동입출금기ATM가 2013년 캐나다 밴쿠버에 최초로 설치된 이후 전 세계 2,000여개에 달하는 등 실용성이 점차 커지는 것도 이유 중의 하나다. 연이은 하드포크 또한 가격 상승의 한 원인으로 작용하고 있다.

세계 최대 파생상품 거래소인 시카고상품거래소CME와 시카고옵션거래소CBOE, 뉴욕 나스닥NASDAQ 등 제도권 대형 거래소들이 잇따라 비트코인 선물상품을 도입한 사실은 이런 가능성을 더욱 고조시키고 있다. 또 미국에 이어 일본의 도쿄금융거래소도 2018년부터 비트코인 선물 상품을 출시할 것을 검토하고 있다. CME와 CBOE는 2017년 12월부터 비트코인 선물계약을 도입하였다. 테리 더피 CME그룹 회장은 성명에서 "발전하는 암호화폐 시장에 대한 고객들의 관심 증가를 고려, 비트코인 선물 계약을 도입키로 결정했다"고 말했다. 아울러 나스닥시장에서도 2018년 2분기부터는 비트코인 선물상품을 출시할 계획을 밝혔다. 나스닥은 CME 그룹이나 CBOE와 차별화를 위해 전 세계 비트코인 가격을 더 정확히 추종할 수 있는 지수 마련을 준비 중이다.

특히 세계 최대 증권거래소인 미국의 뉴욕증권거래소NYSE도 조만간 비트코인 관련 상품을 출시할 예정이다. 이 경우 비트코인 대중화에 크게 기여할 것으로 예상된다. 선물을 거래하는 CME와 CBOE는 전문가들이 주로 참여하지만 NYSE는 일반 증권거래소이기 때문에 일반 투자자들도 쉽게 접근할 수 있기 때문이다.

선물시장이 열리면 콜매수과 풋매도옵션 포지션을 이용해 가격 변동을 줄일 수 있다. 금·원유 등과 같은 상품처럼 비트코인을 거래할 수 있다는 의미이다. 선물거래를 통해 리스크risk를 헤지hedge할 수 있기 때문에 기관 투자자들의 자금 유입도 기대된다. 그동안 월스트리트의 투자은행들은 비트코인의 하부구조가 부실하고 투명성이 결여됐다는 이유로 투자를 주저해 왔다. 그러나 CME와 나스닥 등이 비트코인 선물을 출시하면 월가의 투자은행들도 이에 대한 투자를 할 것으로 기대된다.

CME나 나스닥이 비트코인 선물을 출시하면 곧이어 비트코인 ETF지수연동형 펀드도 나올 전망이다. 실제 뉴욕증권거래소NYSE는 조만간 ETF 상품을 출시할 계획을 밝혔다. 아울러 미국 최대의 은행인 골드만삭스는 고객들이 보다 쉽게 비트코인에 투자할 수 있도록 트레이딩 데스크를 설치하고 있다고 밝혔다. 비트코인 ETF의 출시는 게임의 판이 바뀌는 걸 의미한다. 2000년대 초반 온스31.1g 당 300달러 선에서 거래되던 금 가격이 2003년 금 ETF가 상장되면서 상승하기 시작했다. 금괴나 금화 등 금 관련 투자를 꺼리던 자금들이 금 ETF로 대거 유입되었기 때문이다. 2011년엔 금값이 온스 당 1,900달러 선까지 상승했다.

🪙 최근의 조정 장세와 유의사항

2017년 12월 중순까지만 해도 무서운 상승세를 타던 비트코인 가격이 12월 하순에 접어들면서 적지 않은 조정 장세를 보이고 있다. 즉 며칠 사이 수차례 가격이 20% 이상 급등락하는 롤러코스터 현상 속에서 하향 안정세를 보이고 있다. 이는 몇 가지 이유에 기인한다. 우선 미국과 우리나라 정부의 규제 강화 조치이다. 아울러 속칭 '고래'로 불리는 대형투자자들의 보유물량 대거 매각이다. 찰리 리의 라이트코인 전량 매각은 대표적 사례이다. 이를 두고 시장에서는 가격이 꼭지점에 달해 차액 실현을 위한 것으로 평가하고 있다. 또 우리나라 유빗과 미국의 코인베이스와 같은 암호화폐 거래소의 사고 등 여러 가지 사건들이 겹친데 기인한다.

이처럼 비트코인의 가격이 종잡을 수 없는 움직임을 보이자 앞날에 대한 전망도 첨예하게 엇갈리고 있다.

미국 경제매체 마켓워치에 따르면 영국 시장조사기관인 싱크마켓Think Markets은 "최근 폭락에 겁먹을 필요가 없으며 비트코인 가격이 2년 내 10만 달러까지 갈 것으로 전망했다. 또 대부분의 비트코인 투자자는 자기 자본으로 투자를 하기 때문에 가격이 급락해도 계속 보유힐 여력이 있으며 가상화폐는 훗날 중추적인 화폐가 돼 있을 것이다"라고 주장했다.

글로벌 보안회사 맥아피McAfee의 창업자 존 맥아피는 "2020년 말까지 비트코인 가격을 50만 달러로 예상했는데, 당시 고려한 모델은 2017년 말까지 5,000달러를 달성할 것으로 계산한 것이다. 그런데 비트코인 가격이 예상보다 배 이상 빠르게 가속화됨에 따라, 2020년까지 1백만 달러까지 상승할 것으로 전망된다."고 주장했다.

반면, 비관적 견해를 가진 측에서는 비트코인의 가격이 앞으로 더 오를 수도 있지만 제로가 될 수도 있다는 전망을 내놓고 있다. 그들이 강조하는 핵심적인 논지는 비트코인이 교환가치가 안정돼 있는 진짜 화폐가 아니라는 점이다. 미국의 투자전문 매체 모틀리 풀Motley Fool은 '비트코인 가격이 1,000달러 이하로 폭락할 일곱 가지 이유'를 정리해 소개했다. 차익실현 매물의 대거 등장, 투기세력의 철수, 정부규제, 심각한 해킹사태, 거래속도 둔화, 과도한 거래비용, 비트코인 이외 다른 암호화폐의 상승세 등을 근거로 꼽았다. 특히, 차익실현 매물과 투기세력 철수가 동시에 이루어질 경우 수요보다 공급물량이 크게 늘어나면서 가격폭락을 불러올 수 있다는 것이다.

결론적으로 앞으로 비트코인을 중심으로 한 암호화폐가 제도권하에서 어떻게 정착하는지, 음성 수요는 어떻게 해결할 것인지 등 블록체인 기술은 어떻게 발전할지 등 산업의 전망이나 크기에 따라 암호화폐 가격도 크게 달라질 것으로 전망된다. 따라서 암호화폐와 거래소 등 투자대상과 투자처 등에 대한 이해를 보다 철저히 한 이후 투자에 나서는 것이 바람직하다.

IV

알트코인의 세계

1. 알트코인의 개념과 역할

알트코인의 개념과 출현 배경

아직은 암호화폐 하면 비트코인을 떠올리기 마련이다. 그런데 날이 갈수록 새로운 암호화폐들이 쏟아져 나오고 시장 규모 또한 커지고 있다. 거품 논란 속에서도 비트코인은 계속 성장해오고 있다. 그리고 이러한 비트코인의 성장에 힘입어 또 다른 암호화폐, 알트코인이 등장하여 비트코인과 경쟁을 벌이고 있다.

'알트코인Altcoin, Alternative cryptocurrency'은 비트코인을 제외한 또 다른 암호화폐를 뜻하는데, 지금까지 등장한 종류만도 무려 1,400여개에 달한다. 신뢰성이 없는 통화들은 소멸되기도 하지만 또 새로운 암호화폐들이 거의 매일 쏟아져 나오고 있다. 이들은 공개된 비트코인의 알고리즘과 소스 등을 이용해 만들어지지만 비트코인의 단점을 보완한 나름대로의 독자성을 지니고 있다.

암호화폐 시장에서 차지하는 알트코인의 비중이 갈수록 커지고 있다.

비트코인의 암호화폐 시장 점유율은 초기 90% 이상에서 2018.1월에는 40% 이하로 떨어진 상태다. 그만큼 알트코인의 점유율이 커지고 있다.

알트코인의 출현 배경은 크게 두 가지다. 하나는 비트코인의 오픈소스를 활용한 아류 암호화폐의 출현이다. 대다수의 암호화폐들과 비트코인 캐시, 비트코인 골드도 이 부류에 속한다.

다른 하나는 비트코인의 결함을 보완하여 성능을 업그레이드한 것이다. 특히 알트코인 대장주인 이더리움Ethereum은 특정 조건에서 자동으로 거래·송금이 가능한 '스마트 계약' 기술을 토대로 한다. 리플Ripple은 비트코인의 단점으로 지적되던 대량의 통화 환전 시 속도가 느린 문제를 보완한 암호화폐다. 대시Dash는 비트코인에 부족한 익명거래와 실시간 이체 확인 기능을 추가했다. 라이트코인Litecoin은 비트코인보다 송금이 최대 4배 빠르다. 국내 최초의 알트코인 보스코인BOScoin은 이더리움의 스마트 계약 기능을 더욱 보완한 '트러스트 계약trust contract' 기능을 추가했다. 계약서의 문맥을 컴퓨터가 이해하게 하는 핵심 소프트웨어인 추론엔진inference reasoner이 보스코인의 핵심 기능이다.

물론 재미삼아 만들어진 것도 없지 않다. 러시아 버거킹은 고객들에게 적립쿠폰처럼 1루블을 지불할 때마다 1와퍼코인을 돌려주고 1,700와퍼코인을 모으면 햄버거 하나를 제공한다. 이 밖에도 많은 알트코인이 새로운 기능을 추가하며 비트코인의 경쟁자로 도전하고 있다. 하지만 아직 비트코인이 지닌 네트워크 효과network effect를 뛰어넘을 만한 알트코인은 등장하지 않았다.

🪙 비트코인과의 경쟁과 시장 발전

그러면 암호화폐 시장에서 알트코인이 하는 주요 역할은 무엇일까?

첫째, 비트코인의 부족한 부분을 보완해 주고 있다. 비트코인은 추적이 어렵고 또 사용자의 경제활동을 금융기관이 중간에서 관여하지 않기 때문에 대중한테 매력적이었다. 그러나 인신매매, 사기, 마약, 매춘, 돈세탁 등 여러 불법 활동에 사용되는 경우가 많아서 정부의 규제를 적지 않게 받고 있다. 이렇듯 여러 규제를 받고 비트코인에 대해 좋지 않은 이슈가 발생할 경우 가격도 금방 폭락할 가능성이 있다. 알트코인은 이러한 비트코인의 한계를 극복하기 위해서 만들어진 코인이라 할 수 있다.

둘째, 알트코인은 비트코인의 건강한 경쟁 상대가 될 수 있다. 알트코인은 암호화폐 사용자들에게 비트코인이 아닌 다른 거래 수단의 선택권을 줌으로써 비트코인 개발자들이 꾸준히 비트코인을 발전시킬 수 있게 자극을 준다. 현 시점에서 이미 비트코인은 반감기를 넘어섰으나 그 외의 알트코인은 아직 신생기이기에 커다란 수익률을 기대할 수 있다는 이유로 투자와 투기의 대상이 되고 있다. 그러나 알트코인은 대개 볼륨이 작기 때문에 갑자기 수백 %의 대박을 터뜨릴 수 있는 반면, 난데없이 상장폐지될 우려도 없지 않다.

마지막으로 비트코인의 주요 미션이자 특성은 정부나 중앙은행으로부터 권력을 분권화시키는 기능, 즉 탈중앙화이다. 하지만 비트코인이 커지면 커질수록 비트코인 또한 독점적 지위를 가진 중앙권력으로서의 역할을 할 수도 있다. 그것을 견제해주는 역할을 하는 것이 바로 알트코인이다.

비트코인이 등장한 이후 많은 암호화폐들이 쏟아져 나오고 있다. 그러나 대부분 그 효용성이나 존재 가치가 비트코인에 비해 크게 떨어지는 수준이다. 비트코인의 선점 효과와 네트워크 효과가 워낙 커서 이들의 효용성이 어디까지 올라갈지 미지수다. 더욱이 이런 알트코인들이 많이 등장할 경우 암호화폐 체계가 여러 가지로 분산되고 또 암호화폐 전체를 하나로 묶어보면 인플레이션 현상이 발생할 수도 있다는 우려까지 나오고 있다.

이와 함께 아직 잘 알려지지 않은 알트코인에 대한 투자에는 보다 신중할 필요가 있다. 최근 새롭게 부상하고 있는 알트코인이 늘어나고 있지만 거래량이 지나치게 적은 코인은 피하는 것이 좋다. 거래량이 지나치게 적은 알트코인은 일명 '잡코인'으로 분류돼 거래소에서 퇴출될 수도 있기 때문이다. 실제로 주요 암호화폐 거래소는 거래량이 낮은 코인을 주기적으로 방출하고 있다. 100개에 이르는 암호화폐를 상장하고 있는 미국 거래소 폴로닉스Poloniex는 2017년 중 34개의 코인을 목록에서 제외시켰다.

하지만 비트코인이 단순히 디지털 통화 목적으로 만들어진 것인데 비해, 새로 등장하는 알트코인들은 다수가 게임이나 의료, IOT, AI, 부동산, 펀딩, 경매 등 다양한 분야에 블록체인 기술을 결합한 것들이다. 이러한 기술 기반의 알트코인들은 4차 산업혁명시대에 커다란 역할을 수행할 것으로 기대된다. 따라서 기술력 기반 코인의 발전이 가능토록 생태계 환경을 조성해 나가는 것이 바람직하다.

2. 알트코인의 대장주, 이더리움

이더리움의 스마트 계약 기능 탑재

이더리움은 비탈릭 부테린Vitalik Buterin이 2014년 개발한 뒤 이듬해에 출시된 암호화폐의 하나이다. 화폐 단위는 '이더Ether'이며 통화코드는 ETH이다. 비트코인의 핵심 기술인 블록체인을 기반으로 하고 있으며, 동시에 스마트 계약이 적용된다. 부테린은 비트코인의 블록체인 기술을 연구하던 중 이를 더욱 고도화할 방법으로 스마트 계약을 고안했다. '스마트 계약Smart Contract'이란 미리 지정해 놓은 특정한 조건이 일치될 경우 자동으로 계약이 실행되는 프로그램을 뜻한다.

비트코인이 단순 거래 수단을 중시한 암호화폐라면 이더리움은 거래와 함께 매수자와 매도자 사이의 특정한 계약을 이행하고 취소할 수 있는 기술을 활용할 수 있다. 다시 말하자면 비트코인이 화폐의 기능에 한정된다면 이더리움은 화폐 기능과 함께 플랫폼으로서의 역할도 한다는 것이다. 따라서 이더리움은 비트코인과 달리 코인 안에 자체 프로그램을 삽입할 수 있다. 예를 들어 이더리움을 통한 부동산 거래 시 별도의 중개인 없이 이더리움 안에 계약서를 삽입시켜 거래의 안전성을 확보할 수 있는 것이다.

이러한 스마트 계약으로 작동하는 서비스를 'DApp decentralized application'이라고 부른다. 블록체인 기반이다 보니 이것들은 당연히 분산 애플리케이션이다. 반도체 기업 인텔을 비롯해 마이크로소프트, JP모건, 도요타, 삼성SDS 등 86개 기업이 '기업 이더리움 연합 EEA, Enterprise Ethereum Alliance'에 참여 의사를 밝힌 것도 스마트 계약을 활용한 이더리움의 미래 가능성에 주목했기 때문이다.

이처럼 이더리움 블록체인은 다양한 부가서비스 개발을 염두에 두고 설계했기 때문에 확장성이 비트코인 블록체인보다 크다. 스마트 계약 기능을 통해 계약 과정을 설정하면 계약의 자동화가 가능하다. 서류상 계약과 달리 특정 조건을 만족하면 자동으로 계약을 이행하므로 상대방이 계약을 파기할 우려를 줄일 수 있다. 같은 방식으로 보험이나 은행 업무 등 금융분야를 포함해 전자투표나 각종 계약, 유언장 등에도 응용할 수 있다. 특히 사물인터넷 IoT에 적용하면 기계 간 금융거래도 가능해진다. 예를 들어 고장난 청소로봇이 정비로봇에 돈을 내고 정비를 받고, 청소로봇은 돈을 벌기 위해 정비로봇의 집을 청소하는 것도 가능해진다.

🅦🅑 가격 상승과 거래량 증대

이더리움도 암호화폐인 관계로 비트코인처럼 채굴을 통해 발행된다. 그러나 비트코인과는 달리 채굴량이 한정되지 않기에 이론상으로는 무한대의 이더리움 채굴이 가능하다. 그러나 이더리움 재단은 매년 공급물량을 1,560만 이더로 계획하고 있으며 실제로는 이보다도 더 작은 1,050만 이더를 공급해 왔다. 지금까지의 이더리움 총 발행량은 초기 참여자 지급과 재단 운영비에 소요된 약 7,200만 이더에 신규 채굴량을 포함하더라도 총 1억 이더를 넘지 않는다.

더욱이 조만간 채굴 보상 방식을 기존의 작업 증명 방식POW에서 지분 증명 방식POS으로 변경함으로써 발행량을 제한할 것이라는 예상도 나오고 있다. POS란 이더리움을 많이 소유하고 있는 사람에게 채굴 우선권을 주는 것인데 이에 대해서는 많은 논란이 이어지고 있다. 이더리움을 가장 많이 소유하고 있는 이더리움 재단에게 이익을 주기 위한 것이 아니냐는 불만이 나오기도 했다.

이더리움의 상장 시가총액은 그동안 비트코인에 이어 2위에 랭크되어 있다가 12월 하순부터 리플이 2위로 부상함에 따라 3위로 내려앉았다. 그러나 2018년 1월 들어 가격이 급등하면서 다시 2위 자리를 탈환하였다. 2018.1월 기준 시가총액은 1,000억 달러를 상회하면서 전체 암호화폐 시장에서 15% 이상의 비중을 차지한다. 하루 24시간 동안의 거래 규모 또한 그동안의 2~3십억 달러에서 1백억 달러 수준으로 치솟고 있다. 이에 따라 알트코인 대장주 자리를 놓고 당분간 리플과의 치열한 경쟁이 예상된다.

가격은 ICO 당시 1이더 당 0.311달러에 불과했다. 2015.7월 상장 이후 2016년 초까지도 1~3달러 수준을 맴돌았다. 그러다 4월부터 지속적인 가격 상승이 이루어지더니 2017.12월 750달러 선을 돌파했다. 2년이 채 되지 않은 기간 동안 자그마치 800배 가까이 가격 상승이 이루어진 셈이다. 특히 우리나라에서는 2016년 3월 처음 상장된 이후 폭발적인 인기를 보여 거래량에서는 세계 최고를 유지하고 있다. 2017년 초에는 1이더 당 1만원 안팎이었으나 같은 해 12월 100만원을 넘어선 이후, 2018.1월에는 200만원을 향해 질주하고 있다.

최근의 이더리움 가격 급등 원인으로는 하드포크의 성공, 글로벌 투자사들의 이더리움 기반 파생상품 출시 계획 등이 복합적으로 작용한 것으로 풀이된다. 특히 조만간 비트코인처럼 이더리움 파생상품이 출시될 경우 막대한 기관자금이 유입될 수 있다는 기대감이 크게 작용한 것으로 보인다.

이더리움의 하드포크와 4단계 로드맵

2015년 7월에 출시된 이더리움은 이미 1자례 하드포크가 이루어졌고 지금도 계속 진화 중에 있다. 출시된 지 1년이 채 되지 않던 2016년 6월, 이더리움 기반 펀드 시스템인 다오The DAO, Decentralized Autonomous Organization에 대한 해킹 사건이 발생했다. 재단은 해킹당한 이더리움을 버리기 위해 불가피하게 하드포크를 단행했다.

이에 따라 이더리움은 두 가지 버전으로 분리되었다. 해킹당한 구 버전이 '이더리움 클래식Ethereum Classic, ETC'이며 신 버전이 지금의 이더리움이다. 이후 이더리움 개발자들은 더 이상 이더리움 클래식에 대한 지원은 없다고 천명했다. 그러나 얼마 후 이더리움 클래식도 거래소에 상장되었고, 이후 거래가 활발히 이루어지고 있다. 시가 총액은 약 35억 달러로 15위권 내외에 랭크되어 있다.

2017년 들어서자 이더리움 재단은 4단계 로드맵을 제시했다. 1단계 '프론티어Frontier'는 암호화폐인 이더리움을 개발·채굴하고 네트워크를 형성하는 단계이다. 2단계 '홈스테드Homestead'는 이더리움이라는 신대륙에 가정집이 하나둘씩 생기면서 생태계가 구축되는 단계이다.

3단계 '메트로폴리스Metropolis'는 가정집들이 모여 도시가 형성되는 것처럼 이더리움의 대중화를 위한 사회적 인프라가 형성되는 단계이다. 이를 위해 두 번의 하드포크를 진행할 예정인데 2017년 10월 16일, 437만 번째 블록을 기준으로 1차 비잔티움Byzantium 하드포크가 이루어졌다. 2018년에는 2차 콘스탄티노플Constantinople 하드포크가 진행될 예정이다. 이를 통해 채굴 보상 방식이 작업 증명PoW에서 지분 증명PoS 방식으로 전환하게 된다. 4단계 '세레니티Serenity'는 모든 변화 후에 평온 또는 평정을 찾는 마지막 단계이다.

이러한 업그레이드로 이더리움 가격이 상승 또는 하락할지 여부는 불분명하다. 한편으로는 채굴이 기존보다 천천히 진행됨에 따라 가격이 하락할 수도 있을 것이다. 그러나 다른 한편으로는 업그레이드를 통한 시스템 향상으로 사용자 수가 급격히 증가해서 가격이 상승할 것이라는 견해도 나온다. 실제로 다수의 전문가들은 비트코인의 하드포크와 마찬가지로 이더리움의 가격도 상승할 것으로 내다보고 있다.

Ethereum

Ethereum Classic

3. 중앙집중 방식의 리플 · 카르다노 · 스텔라

리플Ripple은 전 세계 여러 은행들이 실시간으로 자금을 송금하기 위해 사용하는 프로토콜 겸 암호화폐이다. 즉 리플은 글로벌 정산 네트워크에서 기관의 정산 과정 시 발생하는 시간, 비용, 절차를 줄이기 위한 시스템이자 화폐인 것이다. 리플코인Ripple Coin이라고도 하며 화폐 단위는 XRP로 표시한다.

리플은 2017.12월 가격이 치솟으면서 상장 시가총액 약 880억 달러로 전 세계 암호화폐 시장의 15% 이상을 차지하고 있었다. 이에 따라 상장 시가총액 규모 순위에서 이더리움을 제치고 비트코인에 이어 2인자로 부상하였다. 거래량 또한 크게 늘어나 하루 평균 약 50억 달러에 이르렀다. 특히 우리나라에서 인기가 높아 거래량이 전 세계 리플 시장에서 최대를 나타내고 있었다.

2018년 1월 다소의 가격 조정을 받으면서 다시 이더리움에게 알트코인 대장주 자리를 내주고 3위로 내려앉았다.

리플은 비트코인이나 이더리움과는 상당히 다른 형태이다. 블록체인 기반을 사용하지만 채굴은 불가능하다. 리플코인은 금융분야에서 사용하기 위한 용도로 개발된 것이고 특히 금융기관 간의 송금과 결제 등 제도권 시장을 지원하기 위해 발행된 화폐다.

리플의 대표적인 장점은 결제의 신속성과 확장성이라고 할 수 있다. XRP의 결제는 4초 이내로 완료되며 이는 이더리움2분과 비트코인1시간 이상의 결제 시간에 비해 매우 빠른 속도이다. 더불어 XRP는 초당 1,500건의 거래를 연중 무휴로 처리하고 있으며, Visa와 같은 처리량을 처리할 수 있도록 규모 확장이 가능하다.

리플이 지닌 암호화폐로서의 주요 특성을 보다 구체적으로 알아보면 다음과 같다.

첫째, 중앙에 운영·관리 시스템이 없는 여타 암호화폐와 달리 중앙 운영주체가 있다. 일반적으로 암호화폐는 블록체인을 기반으로 암호를 해독해 채굴하는 과정을 거쳐 코인을 생성하고 네트워크를 통해 유통한다. 그러나 리플은 모든 코인을 '리플랩스Ripple Labs'라는 운영기관에서 발행하고 유통도 책임진다.

둘째, 리플 프로토콜protocol은 무료 오픈 소스로 개방되어 있어 누구든지 개발에 참여할 수 있다. 은행 간 거래원장을 P2P 방식으로 분산저장하기 때문에 누구든지 송금기록을 열람·복사·보관할 수 있지만 개인 정보 보호를 위해 정확히 누가 누구에게 송금했는지는 알 수 없다.

셋째, 리플은 비트코인이나 이더리움 등 다른 암호화폐와 달리 채굴Mining 방식을 사용하지 않는다. 프로토콜에 따라 총 1,000억개가 일괄 생성되었으며, 더 이상 코인이 발행되지 않도록 설계되어 있다. 그에 따라 시간이 지나면서 리플의 희소성이 증가하여 가격이 상승될 것으로 예상하고 있다.

1,000억개의 리플 중 현재 380억개의 XRP가 시장에서 유통 중이며 리플 랩스에서 67억개의 XRP를 보유하고 있다. 나머지 550억개는 암호화된 '에스크로escrow' 계정에 보관 중인데 시장에서의 유통 물량난 우려를 완화하기 위해 순차적으로 일정 수량씩 공급할 계획이라고 한다.

넷째, 다른 암호화폐나 오프라인 금융결제 네트워크에 비해 훨씬 안전하고 편리하다. 리플코인은 은행이 도입한 것으로 일반 소비자들은 그 은행과의 계약에서 오는 신뢰성을 바탕으로 결제에 참여할 수 있다. 이미 다수의 은행들이 리플 프로토콜에 참여하고 있으며 외환 거래를 위해서 의무적으로 보유해야할 은행들의 리플 수량은 계속 늘어나고 있다. 2013년부터 Bank of America, HSBC 등 전 세계 수십 개 은행들이 은행 간 결제에 리플 프로토콜을 사용하기 시작했다. 영국은행BoE과 일본은행BoJ 등 중앙은행들도 리플코인에 관심을 보이고 있다.

리플이 대중들의 관심을 끌면서 취급하는 거래소도 지속적으로 늘어나고 있다. 가격은 송금 시스템에 이용된다는 특징 때문에 변동 폭이 그다지 크지 않은 편이었다. 그러나 2017년 말 우리나라와 일본은행 간 빠른 송금 테스트가 성공했다는 소문이 퍼지면서 가격이 가파르게 오르기 시작했다.

리플 가격은 2017년 초 1XRP 당 0.006달러에 불과했고 3월까지만 해도 0.01달러에 못 미쳤다. 그런데 지난 4월부터 가격이 큰 폭으로 오르

기 시작해 5월엔 0.4달러까지 뛰었다. 이후 하락과 상승을 번갈아하가
다가 12월 하순부터 급격히 상승하여 하루에만 50% 급등하기도 했다.
이후 진정세를 보여 1.5달러 안팎에서 거래되고 있다. 우리나라는 2017
년 5월 상장된 이후 별다른 가격 상승 모멘텀을 찾지 못하다가 12월 들
어 상승세를 타면서 1개당 3,510원까지 오르는 폭등세를 보였다. 이후
다소 진정되어 1,500~2,500원선에서 거래되고 있다.

2017년 10월 탄생한 '에이다ADA' 또한 다른 암호화폐들과는 달리 중
앙집중 방식을 채택하고 있다. 에이다는 짧은 기간 동안에 무서운 상승
세를 보이고 있는데, 2017년 말 상장 시가총액 약 250억 달러로 5위에
올라있다. 총 발행량은 450억개이며 현재 260억개가 유통되고 있다. 일
본이 전체 물량의 약 90%를 소유하고 있을 정도로 특히 일본에서 인기
가 높다.

특이한 것은 에이다를 소유한 사람은 매년 이자를 받을 수 있다는 점
이다. 보유하고 있는 것만으로 이자를 지급 받으며 첫 해에 이지기 제일
높고 그 뒤에 점점 줄어드는 방식으로 이뤄진다. 이자를 지불하더라도
총 발행량이 늘어나는 것은 아니며 이미 이자 지급용으로 준비되어진
에이다가 지급된다.

카르다노 플랫폼에서 유통되기 때문에 '카르다노CARDANO'라고 불리기도 한다. 1세대 암호화폐인 비트코인, 2세대 이더리움에 이은 3세대 암호화폐로 불리고 있다. 에이다는 코인 소유자라면 누구나 프로토콜을 변경하고 코인 성능을 개선하는 등의 투표에 참여할 수 있다. 코인 보유자의 참여로 도출된 합의는 하드포크가 아닌 소프트포크의 형태로 반영된다. 즉 또 다른 코인을 만들어 내는 것이 아니라 에이다의 성능을 계속해서 개선해 나간다는 뜻이다.

'스텔라루멘Stellar lumens, XLM'은 리플에서 하드포크된 암호화폐로 리플 개발자인 제드 맥케일럽이 2014년 출시하였다. 리플처럼 금융기관 사이의 송금과 지불을 간편하게 하려는 목표를 가지고 태어났으며 스텔라라는 결제 플랫폼에서 사용된다. 이에 따라 통상 '스텔라Stellar'로 불리고 있다. 전송 속도가 빠르며 수수료도 매우 낮은 편이다. 특히 자산을 스텔라 자체 통화인 스텔라루멘으로 바꾸지 않고 기존 법정화폐나 다른 암호화폐 등으로 바로 전송할 수 있다는 장점이 있다. 암호화폐 인프라가 잘 구축돼있는 선진국보다는 주요 개발도상국을 중심으로 사업을 확장하고 있다. 스텔라루멘의 총 발행량 또한 리플과 마찬가지로 1,000억 개이며, 상장 시가총액은 120억 달러로 10위권 내에 랭크되어 있다.

4. 익명성을 중시하는 대시 · 모네로 · 제트캐시

암호화폐는 법정화폐가 지니지 못한 다양한 기능이 있다. 특히 익명성을 중시하는 암호화폐들이 있는데 바로 대시Dash, 모네로Monero, 제트캐시Zcash이다. 이들은 탈중앙화된 오픈소스로 만들어진 디지털 자산으로 거래의 익명성에 가장 중점을 두었기 때문에 추적이 불가능하다는 공통점이 있다. 2014년 1월 대시가 가장 먼저 등장했고 3달 뒤 2014년 4월에는 모네로가 뒤를 이었으며 비교적 가장 최근인 2016년 10월에 제트캐시가 등장했다.

대시는 2017.12월 기준 상장 시가총액 규모가 83억 달러로 10위권 내에 랭크되어 있다. 모네로는 55억 달러로 10위권, 그리고 제트캐시는 16억 달러로 25위권에 들어 있다.

'대시Dash'는 원래는 Xcoin과 DarkCoin이라는 이름을 가지고 있었다. 그러나 이름의 어감이 불법사이트인 것처럼 비쳐져 2015년 3월 지금의 대시Dash로 변경하였다. 대시Dash의 가장 큰 장점은 현금처럼 즉시 결제

가 가능하며 익명으로 결제가 이루어진다는 점이다.

첫째, 거래의 익명성을 높였다. 비트코인의 모든 이체 내역은 어느 누구나 확인할 수 있도록 공개돼 있다. 그러나 대시는 '마스터노드 Masternode'라는 새로운 형태의 노드를 구성해 거래를 서로 섞음으로써 거래 기록을 감춘다. 익명성을 구현하기 위해 마스터 노드Masternode를 통한 코인조인Coinjoin이라는 기술을 사용한다. '코인조인Coinjoin'이란 마스터 노드에서 최소 세 개 이상의 묶인 거래를 섞은 후 해당 거래 내역을 내보내는 방법을 뜻한다. 따라서 코인조인Coinjoin 방법에 의해 거래가 서로 섞여지는 과정을 거치기에 거래 기록을 감출 수 있고 이로 인해 익명거래anonymous transaction가 가능해지는 것이다.

둘째, 실시간 이체 확인이 가능하다. 비트코인 네트워크에서 일어난 거래는 10분에 한 번씩 생성되는 블록과 함께 이체가 확인된다. 이 확인 작업이 여러 차례 거듭돼야 거래가 안전하게 처리됐다고 볼 수 있다. 대시는 비트코인의 경우 10분 이상 걸리는 확인 과정을 거의 실시간으로 가능하게 한다.

모네로Monero는 가장 완벽한 익명성을 보장한다. 익명성을 구현하기 위한 기술로는 '링 시크니처Ring Signature'라는 기술을 사용한다. 이는 거래가 시작되면 특정 그룹 내에서 키Key가 섞이도록 설정되어 있다. 따라서 그룹 내에서 거래를 확인하기 위해서는 반드시 개인키Private Key가 필요하고 이 또한 확인하는 절차가 매우 어렵다. 이로 인해 거래를 추적하는 것이 거의 불가능하다.

대시보다 더 철저한 보안이 유지된다. 대시는 누군가 거래 내역을 파괴하더라도 수년이 걸리기는 하지만 찾을 수가 있다. 그러나 모네로는 거래 당사자가 아니라면 링 시그니처 기술 덕분에 절대 내역을 알 수 없다. 즉 완전히 거래 내역을 숨기는 게 가능하다. 익명성을 완전하게 구현했다는 측면에서 볼 때 완벽하게 구현하지 않은 대시나 불안정한 제트캐시에 비해 가장 충실하게 기능을 수행한다. 이런 이유로 모네로는 범죄단체에서 빈번하게 사용될 수 있다는 위험성을 지니고 있다. 전송 속도 또한 빠르고 익명성을 완전하게 충족한 측면에서 모네로는 자금

세탁을 위한 용도로 가장 많이 쓰일 우려가 있다.

2016년 10월 출현한 제트캐시Zcash도 익명성을 강조한 암호화폐로 추적이 불가능한 분산 암호화폐이다. 총 공급량은 2,100만개로 한 개의 블록이 생성되는데 2.5분이 소요된다. 제트캐시는 'Zero-Knowledge proof'라는 기술을 기반으로 암호화가 실행되어 진다. 이는 제공자가 제공하는 정보 외의 것은 이를 제공 받는 사람이 절대 알 수 없도록 설계되어진 개념이다.

5. 그 외의 주요 알트코인들

상장 시가총액 규모면에서 5~7위권에 랭크되어 있는 '라이트코인 Litecoin'은 구글 출신 중국계 미국인 찰리 리Cahrlie Lee가 만들어 2011년 말 공개되었다. 2017.12월 상장 시가총액 규모는 약 130억 달러에 이른다. 라이트코인은 비트코인의 구조를 바꾸는 수준의 실험적 알트코인이다. 비트코인의 거래 속도가 10분인데 비해 라이트코인은 4배 빠른 2분 30초이다. 그렇기 때문에 자연스럽게 대량의 데이터를 빠르게 처리할 수 있는 기능이 담겨있다.

채굴이 간편하여 일반 PC의 GPU로도 채굴이 가능하다. 비트코인의 SHA-256 알고리즘을 스크립트Scrypt로 변경함으로써 ASIC 채굴기를 동원한 해싱작업에 제동을 걸었다. 최종 통화 발행량 또한 비트코인보다 4배 이상 많은 8,400만개로 늘렸다. 중국계가 개발한 관계로 중국에서 특히 인기가 높은 편이다.

라이트코인을 만든 찰리 리는 2017년 12월 자신이 보유하고 있던 라이트코인 모두를 처분했다. 그는 처분 사유를 라이트코인 가격이 급등함에 따라 이해 상충 문제가 불거질 수 있기 때문이라고 설명했다. 그러나 시장에서는 이를 차익 실현을 위한 것으로 평가했다. 사실 라이트코인 가격은 2017년 들어서만도 75배 이상 오른 상황이었다. 찰리 리의 라이트코인 처분 사실이 알려지면서 라이트코인 가격은 급락했다. 아울러 다른 암호화폐들의 가격 또한 동시에 큰 폭으로 하락했다. 암호화폐에 대한 신뢰가 크게 손상된 것이다.

중국 최초의 블록체인 기반 암호화폐인 '네오NEO' 또한 중국에서 인기가 매우 높다. 2015년 10월 출시되어 초기 이름은 'AntshareANS'였으나 2017.7월 NEO로 개명했다. 1억개의 발행량 중 현재 시장에는 6,500만개가 유통되고 있으며, NEO협의회에서 보유중인 나머지는 전략적으로 배포될 예정이다. 중국 최초의 코인이라는 상징성으로 인해 ICO 규제 조치 이후에도 네오는 여전히 건재하다. 기술력도 뛰어나 모든 개발 언어를 지원하는 것이 특징이다.

상장 시가총액은 2017.12월 기준 50억 달러로 15위권 내에 랭크되어 있다. 네오가 인기를 끄는 이유 중에는 NEO-GAS 배당금 시스템도 큰 요인이 된다. 전용 지갑에 'NEO'를 보관할 경우 수수료에 해당하는 'GAS'라는 코인을 배당받을 수 있다. 예를 들어 1천 NEO를 지갑에 예치하면 0.5 GAS코인이 배당금으로 지급된다. NEO는 블록체인의 투자토큰 기능을 하고 GAS토큰은 연료 역할을 하는 것이다. 이 GAS라는 별도의 코인 역시 거래가 가능하다.

또 다른 중국계 알트코인의 하나인 '퀀텀QTUM'은 원래 큐텀으로 불리다가 퀀텀으로 이름을 변경한 뒤 2016년 3월 상장되었다. 코인의 특성은 비트코인과 이더리움의 장점을 혼합한 하이브리드 코인이라는 것이다. 비트코인의 블록체인이 지닌 안전성과 이더리움의 스마트 계약 기능을 혼합한 것이다. 채굴 방식도 이더리움과 같이 지분증명POS방식을 채택하고 있다. 총 발행량은 1억개이며, 5,100만개가 유통되고 있다. 상장시가 총액이 45억 달러를 상회하며 15~20권을 유지하고 있다.

'넴NEM'은 일본에서 가장 인기 있는 암호화폐다. 상장 시가총액이 2017.12월 약 150억 달러로 10위권 내에 랭크되어 있다. 가장 큰 특징은 POI 알고리즘을 사용한다는 점이다. 'POIProof of Importance'는 POW, POS 방식과 달리 활발히 거래를 할수록 시스템에서 중요도를 높게 평가받아 더 많은 양을 지급해 주는 알고리즘이다.

다시 말해 채굴의 보상을 보유하고 있는 자산에 한정되는 것이 아니라 거래 금액, 거래량, 유동성 등을 평가하여 넴 네트워크에 적극적으로 참여하는 사람에게 수수료를 분배하는 시스템이다. 때문에 모든 사람에게 평등한 이익을 얻을 수 있는 기회를 주고 있다.

이런 관점에서 네오는 일부 채굴자에게 보수가 치우치지 않게 설계된 최초의 암호화폐라고 할 수 있다. 그리고 비트코인 등은 '채굴mining' 한다는 표현을 사용하는데 비해, 넴은 '수확harvest' 한다는 표현을 사용하고 있다.

'아이오타IOTA'는 2015년 10월 상장된 이후 상승세를 빠르게 이어가고 있다. 특히 2017년 12월 삼성과 마이크로소프트 등 거대 IT기업들과 제휴를 맺었다는 소식이 전해지면서 가격이 급등하였다. 발행량은 27억 개로 상장과 동시에 전부 유통되고 있다. 상장 시가총액은 약 110억 달러로 10위권에 랭크되어 있다.

아이오타는 사물인터넷IoT에 최적화된 암호화폐다. 사물인터넷 기술이 발달하고 사물들 모두가 인터넷에 연결되면 수많은 정보를 주고받는다. 이렇게 되면 아주 작은 거래가 많이 발생하게 된다. 따라서 기존의 사물에 영향을 주지 않으면서 통신 간에 아주 작은 금액을 지불할 수 있는 방법이 필요해진다. 이것이 아이오타가 탄생한 배경이다.

이 기술을 위해 'Tangle'이란 새로운 기술이 도입되었다. 이는 기존의 암호화폐 기반기술인 블록체인을 업그레이드시킨 블록리스block less 분산원장이라고 할 수 있다. 기존의 블록체인은 거래가 늘어날수록 확장성이 떨어지는데 비해, 탱글은 거래가 많을수록 네트워크의 보안이 강화되고 확장성도 커지는 구조다. 또 비트코인과 달리 채굴 과정이 없기에 결제 수수료가 발생하지 않아 소액결제를 효율적으로 구현할 수 있다. ₿